新教师成长策略研究

——与青年教师谈成长

鄢青霞 著

山东城市出版传媒集团·济南出版社

图书在版编目(CIP)数据

新教师成长策略研究:与青年教师谈成长/鄢青霞著.—济南:济南出版社,2021.12

ISBN 978-7-5488-4416-7

Ⅰ.①新… Ⅱ.①鄢… Ⅲ.①青年教师—师资培养—研究 Ⅳ.①G451.2

中国版本图书馆CIP数据核字(2021)第243363号

《新教师成长策略研究——与青年教师谈成长》 鄢青霞 著

责任编辑 陈 琛 黄勇智
封面设计 张 倩

出版发行 济南出版社(地址:济南市二环南路1号 邮编:250002)
印 刷 济南舜博印务中心
开 本 170mm×240mm 1/16
印 张 12.5
字 数 265千字
版 次 2022年1月第1版
印 次 2022年6月第1次印刷
书 号 978-7-5488-4416-7
定 价 78.00元

电话:0531-86131746

目　录

自　序

本书主要面对工作几年内的年轻教师，通过介绍自己的经历和体会，以及区域新教师培养的做法，从培养、培训和实践的角度，帮助年轻教师树立起做一名优秀老师的远大志向，历练做一名合格教师的基本本领，期望对年轻的教师有所帮助。近年来，国家高度重视教师队伍建设，支持教师培养工作，很多新教师有热情、有能力、有想法，但是缺策略、缺经验、缺实践，如何让踏入教师岗位的年轻教师几年内尽快提升专业水平，边培训、边实践、边成长，尽快站稳讲台，成为合格教师，是摆在教育管理者面前的重要问题。如果有一本书，能够从教师的基本素养和教育教学实践经验做法入手，讲述基本的教育教学管理策略，针对新教师成长中的问题现身说法，将能够满足年轻教师入职后最基本的需求，帮助他们尽快成长。

一、留点资源

工作三十多年，我有一种将所有的教学经验留给大家的美好愿望：对教育的执着与热爱；无怨无悔、潜心研究的场面；多次调整岗位后依然干一行爱一行、干一行专一行的韧劲；在学习实践中不断成熟，在各类培训中不断成长，在工作磨炼中逐步蜕变；走上教师培训岗位，痴迷区域教师培养策略研究，着力新教师培养策略的责任担当。我多么想把自己几十年的教育教学经验以及其中的教训、思考、建议与年轻教师聊一聊，这是我作为一个教育人的真心。四年前，我有了写点东西给年轻教师的想法，刚开始的时候雄心勃勃，找了自己多年积累的文章、总结和发言材料等，资料还真不少，梳理了一部分。工作忙碌了，放下，隔段时间又拾起来写一点，但总是不在状态，就这样写一点放下，再拾起来再放下，反反复复，不知不觉中三年一晃已经过去。为了不留遗憾，把经验留给后来人，我下决心、挤时间，继续出发。

二、无悔教育路

人生只有经历了艰难的拼搏，才能体会成长的快乐；只有付出了辛勤的汗水与努力，才会收获教育智慧。一直以来，我都恪守“认认真真做事，平平凡凡做人，在平凡的岗位上做不平凡的自己”的原则。

我在3所省级规范化学校工作过，每换一所新学校都会实现一次蜕变。因为对教育的热爱，我执着地在教育教学岗位历练自己，潜心研究教育教学策略，在学习与实践中不断成熟起来，逐步蜕变。我工作经历丰富，曾担任过教导处副主任、人事干事、档案管理、副校长、校长、书记、区教师进修学校副校长，现任济南市天桥区教育教学研究中心副主任。在第一所学校的历练，在第二所学校的拼搏，在第三所学校的创造与奉献，在教师进修学校的探索，都是宝贵的个人财富。我有收获，有汗水，也有泪水，丰富的阅历使我渐渐从一个普通教师成长为一个有思想、有经验的校长。

（一）爱与责任，造就高标准、高品质

“昨夜西风凋碧树，独上高楼，望尽天涯路。”我们只有登上了高楼，望尽天涯路，才发现教育之路山长水阔，有着无限广远寥廓的境界。无论走到哪里，只要全身心投入工作，我坚信就没有做不好的事情。

1. 天高任鸟飞，在第一所学校体会着成长的快乐。我1986年参加工作，在制锦市街小学一干就是17年，经历了最美好的青春年华，也成就了自己的不断发展。制小有着广阔的发展天空，只要你有志向，愿意飞，就会飞得很高。我最初负责全国、省级5项课题的具体实施工作，刚开始连什么是课题都不明白，但既然接了就不能含糊，我靠着不服输的劲头在任务中研究学习，磕磕绊绊地逼迫自己成长。在任制小副校长期间，我还担任一个班级的数学教学工作，同时负责7个学科的教学管理和指导工作，大量听课、评课、研究对我来说是一种大

强度的历练，在与各级教研员和各学科教师的交流研讨中，我不断提升自己的业务水平，逐渐成长为学科教学杂家。

2. 俯首甘为孺子牛，在第二所学校体会着拼搏的快乐。2003 年我调去济南市新苑小学任副校长 4 年，在这所学校处处留下拼搏的足迹：创省规范化学校、创省教学示范学校，常常连续几个月加班加点。

课堂教学的细微之处，往往反映着教师的教学水平。为磨炼教师的课堂细节，我先后组织开展领导展示课、名师引路课、级部研究课、人人开放课、学科接力课等课堂展示活动，多角度全覆盖地锻炼每位教师。为培养骨干教师，我们常常备课到深夜，周末两天一起磨课，反复揣摩指导教师的每一句话、每一个眼神、每一个动作，反复揣摩每一个教学环节。经过磨课，多名教师在全国、省、市评优课中获得优异成绩。

3. 衣带渐宽终不悔，在第三所学校体会着奉献与创造的快乐。2007 年我到了明珠小学，当时实施了企业学校回归政府管理的举措，我是全区第一个从地方学校调入企业回归学校的校长。我们开始争创济南市教学示范学校，创办全区第一所寄宿制学校，每周都要值夜班；2008 年抗震救灾时，我校作为全国唯一的一所小学，承接 206 名四川擂鼓镇四年级师生异地复学，努力书写济南人的爱心凯歌。身为校长，在筹备期间我 4 天 4 夜没有回家，并经常在学生到来后值夜班，没有周末，没有上下班的概念。临别之际，我和老师们一起精心策划了一本纪念册《我们共同的家园》，给四川师生留下了一份珍贵的礼物。省委书记亲临学校，赞扬我校工作细致周到。我作为校长代表在全省教师节大会上做典型发言，全省教育领导同步观看视频，为区域争得了荣耀。

（二）不懈追求，造就教学三乐

1. 一乐，乐于钻研教材。作为数学教师，我对数学有一份特别的爱恋，捧着教材就格外亲，平日喜欢钻研教材，用于自己的教学实践。2001 年我成为青岛版的数学教材的编委，参与了 6 册教材的编写工作。接下来的 4 年寒暑假，我都在青岛度过，捧着大本的美国教材、香港教材查着字典研读，跑到图书馆查阅资料、找素材，学习其他教材编写经验，聆听教研专家剖析国家课标，站在大背投前讲解自己的编写思路，静听大家的编写建议，虽然失去了休息时间，但这是一次对教材理解、使用的质的飞跃，更是一次高层次的充电，收获满满。站在编者的角度思考教材，眼界宽了，思路广了，后来我指导的数学课便以角度新颖、设计巧妙、自然流畅而闻名。这期间我指导的课有多节获奖，其中《小数的意义》获全国一等奖第一名，《倍的认识》获全国一等奖，《比例尺》获省一等奖，指导的新苗课《直线射线和角》获全区第一名，指导的多节研究课、电教录像课获省、市一等奖。

2. 二乐，乐于植根课堂。作为教师，与学生一起交流知识、探讨解题思路是一种享受。我一直深入一线教学，教学成绩名列前茅。2006—2007 年我带毕业班数学课，从接班时的成绩后进做到了跃居前茅，并在全区上公开课，受到一致好评；我积极开拓学生思维，研究奥数辅导策略，亲自设计辅导题，参与辅导学生，在区数学竞赛获全区第一名。

我对后进生更是格外关注，不放弃，不抛弃。有次单元检测中，一个学生得了 0 分，他的试卷上所有题目下都写满了答案，数字、加减乘除任意使用，不管对错。经过认真观察分析，我发现他的智力并不是差到如此，而是掉队太多，简单口算都不会，放弃了自己。作为教师，我没有放弃，与他谈心交朋友，有针对性地为他单独布置作业，及时予以辅导，只要进步就在全班表扬他。毕业时，在全区质量抽测中，他取得了 89 分的好成绩。

3. 三乐，乐于总结提升。首先，总结提升并挖掘推广教师经验。刚到明珠小学时，我发现学校 56 岁退休返聘的徐老师，教学成绩年年全区遥遥领先，但是从不加课、不补课，作业还特别少，这不就是我们素质教育追求的效果吗？为了总结她的经验，我与教科室主任一起研究她的高效课堂教学策略，常常与徐老师一聊教学就是半天。我们先后举行多次校级交流会、区级交流会，并在济南市召开徐老师高效课堂教学策略报告会，在济南市引起很大反响。徐老师笑着说："老了老了还亮了一回。"其次，总结提升自己。为了给自己施加压力以产生动力，我参加了区级名师人选的角逐，几轮比赛下来，以全区第一名的成绩入选名师培养计划。经历五年的培养期，我学会了记录自己的足迹和思考，更学会了针对经验教训写反思。成长是经验加反思，一个教师光写一辈子教案不可能成为名师，但是写三年反思就可能成为名师。我不断反思教学，梳理经验教训，努力向专家型迈进，先后写博客文章100多篇，在《山东教育》和《济南教育》发表多篇文章。

子曰："志于道，据于德，依于仁，游于艺。"每个教师入职伊始，就要用心思考未来，不懈努力，脚踏实地，用心积累，相信一定会有厚积薄发的一天。

鄢青霞

2020年12月于济南

第一章

教师：一个平凡而伟大的职业

教师是个平凡又伟大的职业。说它平凡，是因为教师十年如一日，年复一年、日复一日地重复与坚守着备课、上课、改作业、辅导的循环；说它不平凡，是因为教师承载着一个国家、一个民族和一个家庭的命运。

第一节　教师责任

当你走上教师岗位的时候，请回头细想一下入职的经历——或许你一直立志做教师，此刻终于得以圆梦；或许你热爱教育，当教师是无怨无悔的选择；或许你经过多方比较，终觉得还是这个职业比较适合你；或许因为教师的光环；或许因为职业稳定性；或许因为家庭的期待；或许因为与教师有缘……总之，无论怎样的原因，既然选择了，你就要让教师职业成为自己无悔的选择。

教师是兴国者。兴国运，兴家运。于国，教育承载着国运兴衰。教育是立国之本，“百年大计教育为本，教育大计教师为本”。教育的好坏，关系一个国家的命运。可见教师的素质关乎国家命运和民族兴衰。做教师要敢于担当，乐于奉献。于家，孩子遇到良师是一生的幸事，一个好老师可以改变人的一生，反之也可以毁掉孩子的一生。

教师是传道者。传知识，播智慧。韩愈的《师说》云：“古之学者必有师。师者，所以传道授业解惑也。人非生而知之者，孰能无惑？惑而不从师，其为惑也，终不解矣。”教书育人是社会对教师职能的普遍认识，强调了教师在教育中的重要地位和作用，也明确了教师的身份是传道者。当今社会飞速发展，赋予教师多种新角色，但是教师最根本的角色还是传道者，担负着文化传递的重要职责。

教师是终身学习者。活到老，学到老。首先，教师是做人的培养工作的，而人是充满生命力的千差万别的个体。其次，社会飞速发展，信息技术变革日新月异，这些都对教师提出更高的要求。因此教师不仅需要足够的知识储备，还要不断更新知识。此外，教师还需要尊重教育规律，有长远发展的眼光，能够掌控教育复杂的动态变化。教师只有坚持终身学习，才能走在时代的前列。

教师是剧作者，需要编写课堂的精彩剧本、编写节日的演出剧本、编写人生启迪的故事；教师是导演，需要在课堂和课外选择演员、分配角色，并在共同演绎中学习知识；教师还是演员，需要自己排练、自己演出多种角色。当你走上教师岗位的时候，你就会深刻地体会到教师的不易、教师的多能。无论扮演哪种角色，都要乐在其中，享受教育的快乐，努力告诫自己，时常提醒自己，不断强化自己——做教师是我无悔的选择，我一定会成为一名优秀的教师。

第二节　选择无悔

要做最好的老师，自己首先要树立一辈子做好教师的信念。既然选择了做教师，就要无怨无悔做一名优秀的教师。优秀教师要有三立，即立志、立德、立能，为国为民，出一分力。

立志：既然选择了做教师，就要立志做优秀教师，要有一辈子努力做一名好教师的决心和意志。

立德：要热爱教育，具有职业理想，要爱学生，尊重学生人格，努力做学生健康成长的指导者和引路人。

立能：要练就做老师的本领，苦练自己的教育教学技能，跟身边的老师们学习，跟书本学习，跟网络中的资源学习，在实践中历练自己。

选择了教师职业，就坚强地、无怨无悔地走下去，做一名热爱本职工作，乐于为此奋斗一生的教师，用青春和热血书写自己美好的教育之路。

第三节　尽快转型

当你走上教师工作岗位的时候，就要训练自己的担当意识。因为你已经成为一名有担当的教育人，肩上有了沉甸甸的责任。这就需要我们尽快转型，从被动接受任务转为主动思考任务，从接受教育转为实施教育，从被父母精心呵护转为呵护你的学生……能够成功转型的新教师，遇到一切困难都会坦然面对，面对一切任务都会勇敢承担，能很快成长为敢于担当、能够担当的教育人。

转型的表现是多方面的，转型是否成功，要看遇事的处理方式和心态。比如遇到恶劣天气的时候，以往你或许并没有特别在意，你可能会让家人送一程，或者因天气原因迟到甚至干脆请假不上班。但是当你成为教师的时候，一切就

不同了。有几十个学生等着你，你会想方设法早出家门，按时甚至提早到学校，并关注班级学生的到校情况。你会一个个联系未按时到校的学生家长，落实学生是否安全，及时报给学校。因为你是老师，你心中有你的学生，你有责任担当。

【小故事】

风雪之后的早晨

记得有年冬天，一日早上一觉醒来，满树银花，到处一片银白。平日骑车上班大约需要25分钟，乘公交车的话，到学校需要40分钟左右。大雪之后如何行走？我赶紧先出门侦查一下，用脚试了试，一脚下去踩出一个坑，路上积雪足足有10厘米厚，自行车怕是不能骑了。想想公交车一定是挤不上的，且乘车上班路上要用多长时间很难确定。当时我担心学生和老师们的安全，心中就一个执念——一定不能去晚了。于是决定推着自行车走着去，遇上路好的地方就骑行一段，还可以节约点时间。草草吃几口早饭，备了一双鞋出发了。冬天的6点钟，天还没有亮，映着白雪倒也不觉得黑，我一路上深一脚浅一脚，双手握着自行车把，双膝微弯，轻微蹲马步式两脚分开，试探着一步步前行。雪不知下了多久，地上一层雪一层冰，又一层雪又一层冰，积雪下面的路面是否平整，是否有冰，无法预估，走在路上常常脚底打滑。我试探着走在没有脚印的雪地上，几次差点摔倒。就这样，走了1个多小时终于赶到学校，鞋袜全都湿透了。我站在大门口迎接学生和老师，不多久，很多老师，特别是班主任老师们，提前来到学校，落实学生到校情况，学校领导们也开始一个班一个班地落实学生的安全情况。虽然一大早出门，但是确认学生们是安全的，心里很踏实。

这就是教师职业的不同，当你的心中更多想到别人，想到学生，你就会成为不一样的自己。

第四节　多一些耐心

当你成为教师后，会接触各种各样的学生：有的学生好学，有的学生懒惰；有的健康活泼，也有的体弱娇气；有的学生乖巧，也有的学生调皮……最令教师头疼的是会遇到一些特殊的学生，可以说每一个特殊学生都是对教师最大的考验。特别是刚入学的小学一年级学生，各种状况都可能出现。刚入学的一年级班级没有出现眼泪汪汪的小学生，对老师来说往往是一件很幸运的事情。对刚入学的小学生来说，一切都是新的，新环境、新老师、新同学，一切都不熟悉，上学前被家人宠爱，甚至溺爱，凡事都能得到满足；在学校则不同，同学之间是平等的，大家需要谦让，教师的精力有限，不可能照顾每个孩子的情绪，不能像父母那样照顾得无微不至。个别小学生极不适应新环境，感到孤独无助，感到规则的限制，心情不好甚至会哭闹。每当一年级新生入校的时候，常常会遇到哭闹的孩子，部分领导会专门负责处理突发的问题，照顾特殊的学生：或领着哭闹不止的学生在校园转悠以免影响班级其他孩子，引发更多的孩子哭闹；或者找一些好玩好吃的哄学生开心。这时候教师需要十二分的耐心，还需要更多的智慧和爱心，帮助学生尽快适应。作为新老师，你此时刚刚离开父母开始工作，或许觉得自己还是个孩子，或者从来都没有过这种手足无措的经历，这时候需要你改变自己，强大起来，用十二分的耐心对待学生们，帮助他们适应学校，尽快成长起来。

【小故事】

爱哭闹的新学生

这是一个年轻老师遇到的真实故事。

这一年新入职的年轻老师接手一年级，第一天 40 多个小豆豆着实让老师忙得头昏脑涨。排座位、熟悉校园、认识自己的班级、找厕所等等，教室都长得差不多，教室门、课桌椅都一个样，常常上完厕所后，有的小朋友就找不回自己

班级。第一个月的工作对一年级班主任来说不仅是个脑力活,更是体力活,一天下来累得筋疲力尽是常有的事情,这些都是可预料的问题。但是这个老师还碰到一个特殊的孩子。他不仅调皮,上课不会听讲,还特别喜欢无休止地哭闹,稍不如意就大哭起来,闭着眼睛一直哭,谁说话也听不进去。记得有一次音乐课,他没有带书也不听课,无聊了就跟其他小朋友说话,影响别人上课,手里还不停地玩自己的铅笔盒,发出响声,引得其他学生观看。音乐老师为了让他听讲,拿走他的铅笔盒,告诉他“你好好听课,下课我还给你铅笔盒”,结果这个孩子一下子大哭起来,抱着老师胳膊不放手,一边哭一边重复一句话:“呜呜……铅笔盒,呜呜……还我铅笔盒……”扰得全班没法上课,只好叫来班主任老师,班主任把学生抱出教室,还给他铅笔盒,他这才停止哭闹。等到他情绪稳定开始慢慢讲道理,告诉他这么做不对。班主任老师渐渐摸到他的脾气,轻易不触碰他的泪点,有问题慢慢教育,与别的同学区别对待。教师与家长及时沟通,了解孩子在家的表现,寻找问题的根源。原来孩子还有个弟弟,父母对小弟弟的关心自然多一些,他常常用哭闹的方法引起家人的注意和关心,父母为此软硬兼施均没有多大效果。于是,教师一方面对此问题选择了冷处理,既然哭闹的目的是引起大家的注意,我们在尽量少引起哭闹的基础上,逐步训练他好好说话的能力;另一方面在学校想方设法弱化他的问题,教育其他学生正确对待,嘱咐其他小朋友做好谦让。同学们也逐渐知道他的问题,在老师的教育下同学们基本都适应了,一个月下来,他没有哭的理由和机会,也渐渐懂得哭闹没有作用,有事好好说才能解决,他似乎渐渐淡忘了哭闹,开始融入集体,终于有了些进步,就这样稳定地过了一个阶段。

有一天放学,全班同学都站好路队,整齐地走出校园,他排在后面,一会推前面同学一把,一会歪歪扭扭走出整齐的队伍。老师注意到他的行为,瞪了几眼摆摆手示意算是提醒,并没有严厉批评他。这时候路队值勤领导看见了,把他从队伍中叫出来,批评他不守纪律,孩子稳定一个月的情绪一下子又爆发了,躺在地上边打滚边哭闹起来,班主任老师怎么劝就是不起来。为了不影响其他班级放学,先把他抱回教室慢慢劝,劝了好一会这才停住哭泣。

经历这次“风波”之后,班主任老师和学校领导、班级其他任课教师达成联盟,共同教育这个孩子,遇事集体想办法,并和家长达成协议,为了孩子大家一起努力。家长在家多关心孩子,老师在校多和孩子沟通交流,让孩子感受到大家的关心,同时常常告诉孩子有问题说问题,学校规则要遵守,哭闹不能解决问题,哭闹的孩子没有人喜欢。一年下来,孩子逐渐适应了学校生活,知道了规则和纪律,心理也渐渐成熟了,这期间耗费了老师很多心血。

你不是老师时,常常也会在外看到哭闹的孩子,但是你不会关心,因为他的哭闹与你无关,至于哭闹原因,也根本不用思考。但是当你成为老师的时候,身份变了,思维方式就不同了,你需要想方设法找到学生哭闹的根源,与其他老师和家长携手合作,选择相对好的策略共同教育孩子,让他一点点地改变。这就是教师职业的特点。

第五节　暖心中的理解

我们常常遇到各种各样的困难,遇到一些来自家长和社会的不理解,这时就要表现出教师的涵养和高素质,一方面巧妙沟通化解矛盾,另一方面找准原因,真正解决问题。多站在对方角度思考,用教师的温暖感动人、感染人,促进教师家长之间的互相理解、互相支持。

一天,一个班级在上体育课,体育老师正在教给学生们如何跳远,学生们一个个排着队助跑、起跳、跳入沙坑,一切顺利。下课铃响了,老师喊口令:下课、解散。这时候一个男生喊道“我再跳一次”,边喊边跑过去纵身一跳,只听学生“哎呀”一声,歪倒在沙坑里,直喊腿疼,老师急忙跑过去,一看不确定情况,急忙喊人,大家七手八脚找车,几个老师把学生抱上车一路护送到医院,拍片发现小腿骨折。此时纠结事情是体育课上问题还是课间安全问题,追究谁的责任都不是重点。重点是问题发生时如何迅速应变,第一时间救助孩子,再思考如何预防可能发生的家长和学校之间的矛盾。学校领导老师共同选择不躲事、不扯皮,用最积极的态度面对问题,解决问题,一切围绕对学生的关心展开。第一时间送医院,第一时间联系家长赶到医院说明情况,第一时间由领导和班主任送上慰问品,第一时间落实语文、数学和英语老师分头到家为学生补课……孩子腿疼,家长心疼,当家长心疼孩子的时候,就有可能会有各种要求,我们首先想

家长所想，在家长没有提出要求的时候主动提出跟进措施，给孩子最大的关心和帮助，让家长理解学校。过了一个月，孩子好一些，拄着拐杖能行走，决定到学校上课，学校每天安排人帮助家长一同护送学生，班主任在班级组织互助队帮助该学生，几个孩子轮流照顾他上下楼、上厕所。正值冬天，学生腿上打石膏不方便穿厚裤子，班主任担心学生腿冷，给学生做了一个棉护腿，帮助学生绑上，为学生的伤腿保暖。孩子感到从未有过的关怀和温暖，对老师同学充满感激，家长也从开始的冷面相对，渐渐理解学校，感谢老师的付出。

人都是有感情的，多数人也都是讲道理的。这样的事情谁也不愿意让它发生，但学校内无可避免地会遇到不可预测的问题，既然事情发生了，我们就要坦然面对，用教师的爱心和责任，争取理解和信任，努力做到最好。我们用心了，心会坦然，相信会得到多数人的理解。

正因我们集体的力量，才使矛盾有效化解；大家相互帮助，没有事不关己高高挂起，而是齐心协力，有效沟通，有效解决问题。每个教师都是团队一分子，身边的事大家帮，教师团队应该是一个温暖的大家庭，通过实际工作形成今天我帮你，明天你帮我的良好氛围。

当你成为老师，面对几十个孩子和孩子身后家长的时候，就要积极预防问题的发生，遇事多寻找经验教训，提前细致思考，周到考虑每个细节。但是依然不可避免还会有问题发生，有些问题根本无法预设，那么就要敢于面对，善于沟通，站在学生的立场上思考问题，争得家长的支持帮助。

第六节　大国良师

国际世界风云变幻，技术飞速发展，国富民强都需要人才，需要一批有担当的良师。

一、做最好的教师

“一个人遇到好老师是人生的幸运，一个学校拥有好老师是学校的光荣，一个民族源源不断涌现出一批又一批好老师则是民族的希望。”新时代的“四有好老师”——“有理想信念,有道德情操,有扎实学识,有仁爱之心”,是教育人共同的追求。

好老师应该是“经师”和“人师”的统一,既要精于“授业”“解惑”,更要以“传道”为责任和使命。

好老师应该取法乎上、见贤思齐,不断提高道德修养,提升人格品质,并把正确的道德观传给学生。

好老师应该有扎实的知识功底、过硬的教学能力、勤勉的教学态度、科学的教学方法。

好老师应该用爱培育爱、激发爱、传播爱。通过真情、真心、真诚拉近与学生的距离,滋润学生的心田,使自己成为学生的好朋友和贴心人。

二、做高尚的教师

教育家陶行知说:“捧得一颗心来,不带半根草去。”这是对教师职业的真实写照。教师应具有高尚的人格,它将影响学生的一生。无论何时、何地,教师都要耐得住寂寞,甘于奉献,还要有正确的世界观、人生观和价值观。教师对学生的影响从入学的时候就开始了。

【我的体会】

操千曲而后晓声,观千剑而后识器

——读《滋润心灵的文化》体会语文学科之美

我从事数学教学多年,习惯了数学思维,和其他学科教师碰撞的时候,感受到不同学科带来的冲击,体会到教师培训要多涉猎一些其他学科的知识。因此我专门读了一些语文方面的书,想看看语文名家们都在研究什么。很有幸读到了《滋润心灵的文化——于漪教育视点丛书》,我深深被于漪老师对教育的热爱和执着,对学生的爱心和耐心折服感染,同时也深刻认识到语文学科的美。

(1)“教文育人”教育观

于老师多年始终坚守“教文育人”的语文教育观,她认为语文课理应弥漫着文化的芳香,给学生文化的滋养,要纳百川成海,让每堂课都精彩,每堂课都打

动人心。于老师从全面育人的高度对教材进行了富于深度和广度的挖掘，课堂的精彩之处，看似偶然，实蕴必然。

（2）育人先育心

语文教学的目的是育人，读书的目的是育心。我们教师的首要任务，就是打开学生的视野，丰富学生的内心世界，让学生们在教师的感染影响下，抬起头来仰望星空，聆听外界的“风声雨声”，关心身边的“天下事”，读出文章背后的万千世界。这样，当我们的学生在各种文学作品中遨游的时候，就能体会杜甫、李白和白居易等诗人的诗作背后的意境，体会鲁迅、屈原等人忧国忧民的思想情怀。我们不只是教知识，更是培育有血有肉的中国人。只有育心，学生才会陶醉于语文课，才不会因语文学习的枯燥乏味而纠结烦闷。

（3）语文的文化体现

文化其实体现在一个人如何对待他人，如何对待自己，如何对待自己所处的环境。文化是我们代代累积沉淀的习惯和观念，更是渗透在生活实践中的一举手、一投足。“操千曲而后晓声，观千剑而后识器”，教师应在日积月累中成就学生，成就自身，成就国家的未来。

第七节　最美教师

教师的美体现在教师身上散发的知识与文化气息，体现在课堂教学中的神采，体现在对学生细致入微的关爱中……

不同的学科各有各的美，教师只有深入其中，用真心体会和探索，才能感受并彰显自己的学科美。

到底怎样的老师才是最美的教师呢？我在几十年的教育生涯中有深刻体会——教师的美不在外表，而在内心；关爱学生的老师最美、知识渊博的老师最美、讲课投入的老师最美……

一、关爱学生的老师最美

我读小学时，因为父亲工作调动的原因多次转学，小学四年级到一所新的学校读书,觉得我的数学老师杨老师特别美。那时我刚到一所新学校,一切都那么陌生,我讲的陕西方言老师同学都听不懂,调皮的同学还喜欢学我说话,老师和同学们讲的山东方言我也听不太明白,这让我郁闷了很长时间。杨老师常叫我到办公室和我交谈,问我上课听懂了没有,亲切的神情令我至今记忆犹新。现在想来,杨老师相貌普通,但是因为她对我的亲切关怀,让我觉得她的一举一动都是那样美。

二、知识渊博的老师最美

我中学时代的数学老师和语文老师都特别优秀,他们知识都很渊博。我的数学老师常常由一道题引申出一串题,你从不知道她的"葫芦"里到底有多少"宝贝"。她讲课很少看书本,用漂亮整齐的板书将一组组算式排列在黑板上,让我们把数学知识自然地融会贯通。我们班成绩在全年级领先,我自豪于自己是她的学生,觉得她连说话的声音都很美。语文老师讲起课来妙语连珠,语文功底极其深厚。他讲《木兰诗》,没有一张挂图,但是我们依然在他的语言描述中看到一组组画面,课后我们依然朗朗背诵着"唧唧复唧唧……"我觉得他知识丰富,教学堪称完美。

三、讲课投入的老师最美

我身边有很多优秀教师,总结起来他们都有一个共同的特点——上课投入。语文老师课上与学生同时进入文本,自己俨然成为文中一员;数学老师课堂上的眼神透着智慧,与学生共同交流研讨;地理老师一笔画出中国地图,让学生佩服得五体投地……窦桂梅、魏书生、李烈、刘德武等教育大家在课堂上更是投入,引导学生开心学习。这样的教师在学生心中最美。

反观当今的学校,写论文案例的要求多了,但教师深入钻研教材的时间少了;各种形式的论坛多了,但教师专注课堂实践研究的提升不足了。创新不是抛弃传统,教师需要专业水平的不断成长。科研要做,但要在实践中和研究中做;案例要写,但要在对事物的敏锐观察中去写。

第二章

规划：从起点谋划未来

“谋定而后动，知止而有得。”

“方向比努力更重要。”

教师从入职开始就要有规划意识，用心思考自己未来的教育人生，提早谋划，用心行动，方可成就未来！

规划就是确定一个长期的目标,知道自己往东还是往西走,避免盲目地前行。有了规划,无论走得快还是慢,总能达到目的。有了规划,人往往有一种归属感,坚定地向着目标前行。人的理想不同,对未来的规划就不同。当代教育家魏书生就是一个典范,他一心想当一名好老师。他放弃了当时的高收入工作,毅然决然调到学校当上清贫的教师,一干就是一辈子。当一名好老师就是他的理想,他为之规划着,并一天天地努力着,最终在全国享有盛名,成为教育界的泰斗。

第一节　教师教育生涯规划路径设计与思考

优秀的教师都善于思考,有着明确的奋斗目标,善于谋划自己的未来。方向比努力更重要,教师职业更是如此。教师应当在工作初期规划思考教育生涯之路,一步一个脚印扎实走好每一步。一定要把握好几个发展成长关键期,思考当下,赢在未来。在三十多年的工作实践中,我总结出教师成长有六个关键期:

●模仿期:工作第 1 年,模仿上路,做规范教师。

●开拓期:工作 2 ~3 年以内的年轻教师,规划人生,做合格教师。

●反思期:工作 3 ~5 年的教师,成长反思,做骨干教师。

●特色期:工作 5 ~10 年的教师,特色发展,做特色教师。

●绽放期:工作 10 ~25 年的教师,厚积薄发,做名优教师。

●成熟期:工作 25 年以上的教师,总结智慧,做专家型教师。

思考这六个关键期,对做好教师教育生涯路径规划意义深远。教师教育生涯规划路径可以用下图表示。

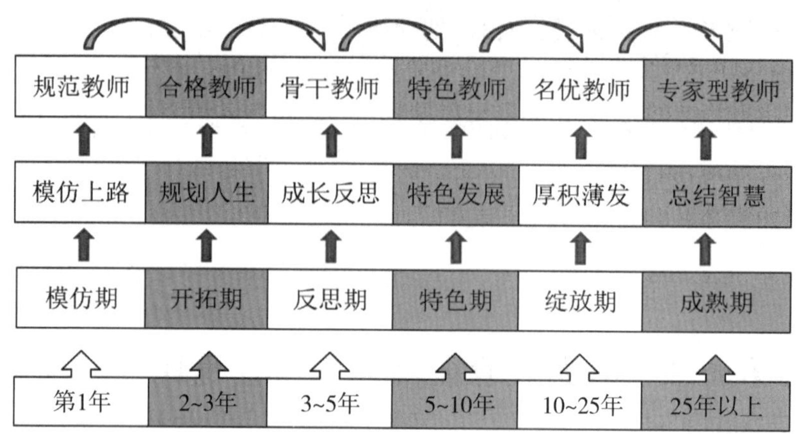

图2－1　教师教育生涯规划路径图

一个优秀的教师从入职开始就要学会合理策划自己的发展期,在每个时期不断完善自己,逐步养成良好习惯,孕育教育智慧。教师入职后明确自己的目标,合理规划自己的发展期,将受益终身。

教师要规划自己的专业发展路径,不仅要有长远规划,更要有近期计划。这样就可以根据既定的目标坚定地走自己的路。

一、模仿期

模仿期的核心是拜师学艺。工作第一年重在模仿学习,领悟教学基本规范,根据不同需要多拜几个师父,从师父身上学习可以最大限度、最快地提升自己。第一年要学会理解教材,要学会运用教材的基本策略;要逐步能够驾驭日常教育教学,在对学校教育教学有总体感知和理解的基础上,在优秀教师的引导下,有序落实自己的教育思考。新教师入校后,很多人的感觉是雾里看花,水中望月。有热情,但没经验;好学上进,但无从下手。这时候,新教师跟好学校配备的师父至关重要。但是人人皆可成吾师,新教师自己主动寻找身边的优秀教师的经验也同样重要。应好好熟悉教材,通读教材,不仅读本册的,还要读其他册的;勤练教学基本功,粉笔字、钢笔字都是教师的门面;模仿一节优秀课例,感悟教学真谛。而学科基本功则因学科而定,如语文的文学功底,数学的演算

能力，美术的绘画水平，音乐的弹、唱、跳，体育的动作示范，等等。模仿上路，明白师父们的工作方法，自己随之日渐成长。

二、开拓期

开拓期的核心是艰苦奋斗。新教师要有年轻人不服输的拼劲。开拓期的教师首先要学会做长远规划和近期计划。工作第二年，明白了教育的基本规范，在师父的身上学到不少策略，不再像第一年那样手忙脚乱，有了一点思考的时间。这时候要多问自己几个问题，如你这一辈子想做怎样的老师。设想自己四十岁以后当教师的样子，憧憬一下自己的未来，想想在每个角度自己有怎样的努力方向，如教学策略上、班级管理上、与家长打交道上、特色发展上，等等。认真思考，撰写一份自己的五年发展规划和一年发展计划。首先从课堂教学研究开始，工作第二、三年要在课堂教学方法上狠下功夫，研究学科教材，思考教学策略。好好地学深学透一节优质示范课例，从导入开始每个环节反复看，认真想，揣测优秀教师每个环节的设计意图，并尝试自己上一节公开课，通过实际上课，训练自己深入理解教材、理清核心知识、思考教学内容的能力，把握所教学科的特点。要邀请有经验的教师围绕你的课堂提出意见和建议，进一步改进教学策略。同时这两年可试着写写教育故事、教育叙事，养成记录自己的教育足迹的习惯，这将会有助于你更好地发展。

三、反思期

骨干教师要敢于表达观点，不断反思自己。此时教师对教学方法策略有了基本了解，能够进一步深入探究教材教法，有一定的处理教材的能力，能够大胆改变教材的呈现方式，密切联系学生的生活实际，挖掘教材资源，创设比较丰富的学习情境。在教学工作中更要不断反思，养成写教学反思记录的好习惯。此阶段是一个分水岭，是骨干教师成长为特色教师的基础。

入职前五年之所以划分为三个关键期，是因为这是最重要的五年，是奠基之年，是育根之年，是决定教师能飞多高、飞多远的重要基础之年，每一年都异常重要，要用心谋划。

四、特色期

特色期的核心是与众不同。教师有了自己的教学主张，对教育有一定的独特思考，对自己、对学生有一定的定位，开始有特色、有思想，能够形成自己的教学主张。此阶段从零散思考逐渐走向系统教学思想，从零散的经验到系统教学智慧，从浅层的认识到深度思考，从模糊的理解到清晰的教育思想，教师的教学变得有经验、有亮点。从经验走向理论，教师有了自己的一套教学理论，有了自己的独特见解。

五、绽放期

绽放期的核心是博学睿智。此时教师教学有独特见解，形成高尚的师德情操，有精深的专业素养、丰富的教学经验。这一时期的教师力求做名师，研究自己，带动他人。这一时期，要不断展示自己的精彩，主动发挥示范引领作用，积极探索教学新成果，善于进行教学改革、实验、科研攻关，努力成为区域学科教学改革与发展的“带头人”，实现自我成长的同时带动他人共同成长，实现共赢。

六、成熟期

成熟期的核心是育出成果。此时教师往往有自己的核心动力源，有自己的发展诉求和执着精神，更有自己与众不同的教育成果。教师专业成长没有时间的限制，不会因为年龄增长、教龄的不断增加画上句号，相反随着时间的不断增加，会如陈年老酒愈来愈醇。就像于漪老师、魏书生老师、于永正老师、马芯兰老师、吴正宪老师等，随着年龄的增长，他们对教育的理解和深情、对教育的思考与智慧、对教育的热爱与坚守日益彰显，他们的足迹在教育沃土上熠熠生辉。

但是这个阶段也是最容易产生两极分化的一个漫长的时间段。50 岁是人生的又一个分水岭，成为干部提拔、名优培养的一个年龄鸿沟。有的人机遇少了，心态变了，多了一份冷静和沉默，但也增添了求稳心态；有的人对事业有了更高的追求，继续探索，执着研究思考，不断总结自己，热心为他人提供经验。

50 岁以后，教师们或者选择专业新发展，或者选择未来默默沉寂。任何生命美丽的蜕变都有一个艰苦的历程。教师专业发展也是如此，新入职的时候多

数人充满期待和热情,全力以赴地学习和实践,不断成长。但是当我们的职业发展到达瓶颈的时候,往往会产生一种放弃的念头,有船到码头车到站的感觉,往往想,我就这样稳稳当当就很好,缺少新的追求。

我们只有不断进行专业发展才会获得重生,获得新的突破;几十年的经验才会转化为新的动力,新的智慧。

有的教师把工作当成一种任务,因此平庸度过;而有的教师精心思考每一个细节、快乐追求每一次成长,因此成就学生的同时也成就了自己。老师们要把握每一个发展时期。用心灵影响心灵,用智慧造就智慧。

第二节　熬过3厘米——竹子定律的启示

有一天,看了一篇文章描写竹子定律,深深地被震撼,这不就是我们教师职业最初几年奋斗情景的真实写照吗?

有一种长在南方的毛竹,它用了4年的时间,才长出地面3厘米。我们只能看到竹子在地面上钻出的一个小小的芽。但是从第五年开始,小芽就以每天30厘米的速度疯狂地生长起来,仅仅六周的时间,就能长到15米高。在山上哪里来的这么大的生长力,哪里来的充足的营养和水分?前四年它在土壤里到底做了什么?我们从土壤表面看不到竹子的生长,也感觉不到它的存在,但是研究表明,其实在前四年,竹子从来没有停止生长,它是在地下默默扎根,它的根在土壤里向四面不断生长,有的能够延伸数百平方米,为自己创造良好的生长条件。当它长足根系,就开始发芽,外显自己的生命力。

而我们常见的庄稼玉米,则恰巧不同。它的根很浅,一粒种子种下之后,迅速发芽,日渐长高,只要有足够的水分,玉米就能迅速生长,常常一场雨过后,眼看着就长到一人多高,怀抱上玉米穗。但是玉米的根很浅,最怕风,一旦遇到大风,就会成片倒下,甚至颗粒无收。农民常常在玉米长到一定的高度时,人工为其根部培土,加固根基,以防随着玉米穗长大加重负载,难以承受。但是竹子无论风再大,绝不会连根拔起,在狂风中摇摆,沙沙作响,依然健壮,弹性十足。

教师工作的第一个五年是教育生涯最重要的五年,就如同一粒种子需要静静地先扎根,用心去蓄能,打好根基,再生长,才能长成参天大树。我们是学习竹子精神,还是效仿玉米的生长节奏,不同的人有不同的选择。第一个五年,新教师要艰苦奋斗,敢于吃苦,不怕吃苦,耐得住寂寞,守得住初心,不断学习教育教学策略方法,努力获取各方教育教学经验,有足够的耐心熬过最初的 3 厘米。不要担心你此时此刻的付出得不到回报,因为这些付出都是为了扎根,当你的根基足够牢固的时候,你就会迅猛成长起来。

人生需要储备,有多少人,没能熬过最初那 3 厘米?一开始取得一点点成绩就沾沾自喜、骄傲自满,觉得自己已经有足够的本领,无须多学习;随着时间的推移,就会渐渐跟不上节奏,或者停滞不前。教师要在最初的阶段熬出本心,日积月累地重复练习,才有德艺双馨的风采展示。备课、上课、改作业、辅导等,看似是日复一日重复的劳动,可同样的内容,同一个教师,同一节课堂,同一个班级,同样的作业,不同的学生却表现得不尽相同。教育是面对人的工作,更具有复杂性和不可预测性,前人的经验要学习揣摩,自己的摸索更需要思考体会。教师应不断地钻研教育教学智慧,不断地学习教育经验,不断地研究教学方法,时刻把自己当学生,告诫自己需要学习的很多,让自己不断扎根蓄能,用坚守、执着和用心熬过最初的 3 厘米。在"熬"中有对教育的思索,有教育智慧的碰撞,有能力的突破。

第三节　什么叫价值

有一则故事,讲了两根竹子的对话,谈什么是价值,对我们理解价值很有启发。

"有两根竹子,一支做成了笛子,一支做成了晾衣竿。笛子用软布包裹着,被放在精致的盒子中,舒舒服服,被主人精心呵护;晾衣竿每天在院子里风吹雨淋,人们用的时候撑一下,用后常常随意往某个墙角一扔。有一天两根竹子见面了,晾衣竿看着笛子的待遇,心里觉得非常委屈,它不服气地问笛子:我们都是同一片山上的竹子,凭什么我天天日晒雨淋,不值一文,而你却价值千金呢?笛子骄傲地回答说:因为你只挨了一刀,而我却经历了千刀万剐,精雕细琢。晾

衣竿听了沉默了。"

做教育亦是如此,要经得起打磨,耐得住寂寞,扛得起教育的责任和使命,有一天你的教育人生会灿烂无比。

名家的价值是勤奋创造的。国学大师钱穆说:"古往今来有大成就者,诀窍无他,都是能人肯下笨劲。"当我们看到颁奖典礼上获奖者灿烂的微笑,投去羡慕的眼光的时候,我们应该想到他们创造自身价值背后的艰苦付出。

人们常说,人生坎坷,不可能一帆风顺,温室的花经不起大风大浪的洗礼。的确没有哪个人的一生会风平浪静。在挫折中,有的人变得世故,有人开始垂头丧气,但是也有更多的人愈挫愈勇。这就是不同人的人生,体现了不同的价值。

成长不是一蹴而就的,价值不是天生就有的,只有不断努力,才会厚积薄发,实现自己的价值。

第四节　方向比努力更重要

某周末,区域名师及名师人选齐聚一堂,聆听省特级教师的专业发展讲座。讲座中,省名师程老师现身说法,展示了一个优秀教育者善于学习、乐于钻研、勤于思考、执着教师事业的精神。她说,名师一定要有脱胎换骨的经历,将工作的辛苦变成一种享受。

现实中的问题是,一些优秀教师,走到一定的程度之后,因家庭的重担、工作的压力,难免有倦怠和畏难情绪,这是正常的。"坚持就是胜利"是我们最常说的一句话。我们克服困难的时候,需要鼓励的力量,更需要自己的坚持,内力才是最根本的因素。

定好方向一步步坚持,不要担心目标有多远,只要坚持脚下的路,每走一步离成功就会更近一步。当我们累的时候,可以稍事放松,但是不能忘记我们前进的目标;当我们困惑的时候,可以有迷茫的感觉,但是不要忘记自己的方向。

第五节　我的五年规划

2012年我有幸通过评选成为济南市首期优秀管理者培养人选，五年培养期。我制定了一个五年发展规划，希望这个规划能给新教师提供借鉴。

一、教育管理专业发展计划

总目标：广泛学习教育管理经验，潜心研究教育管理方法，了解国内外教师教育工作发展现状，系统掌握教师教育工作理论、策略和方法。寻找自身优势和潜能，在管理实践中结合学习思考锻炼自己、展示自己、提高自己，全面锻造自身管理能力。

主要内容：品读四本书；学习两地优秀经验；研读3名教育专家管理经验；结合自身发展提炼经验。

方法：自学和集中培训相结合，名校考察与工作实践相结合。

·2012年，读书自学，广泛积累教育理论。

认真制订切实可行的学习计划，品读四本书《给教师的100条建议》《名校解密：陶继新对话名校长》《陶行知教育名篇》《"研训教一体"的实践研究》，读透、读精，读出内涵，读出与自身工作的密切联系。认真撰写读书感悟，积累经验。参加有关教育管理知识的学习，本着月月有小结，年年有发展的原则，养成善于读书、勤于思考、随时记录的好习惯。

·2013年，学习名校经验，博采众家之长。

重点学习研究北京西城研修学院、上海华东师范大学课程与教学研究所的工作经验。北京上海有着不同的地域特色，是中国教育的优秀代表，因此这一年我将重点研读这两个地区教师培养的经验。一方面努力学习北京西城研修学院如何坚持"以高品质的教育培养新世纪的创新人才"，如何发挥研修学院人才高地的优势，整合各种优质课程资源，形成较为完善的教学管理模式，彰显培训学校的发展实力和发展优势；另一方面体会上海教育的大容量、快节奏、高效率，学习上海深厚的文化底蕴，感悟上海名校的风采，学习先进的教育理念和务

实的工作作风。

·2014年,学习名校长的成长经历。

向有经验的名校长学习,到各地名校考察名校长的管理策略和方法,博采众家之长,寻找适合自己的策略。重点研究几个优秀代表,从他们身上汲取不同的营养。学习教育家魏书生的管理艺术,体会大家的风采;学习赵桂霞校长用数据说话的方法,体会教育的科学与严谨;学习崔其升校长创造的"教育奇迹"和"教育神话",体会他对教育的执着和义无反顾的精神。

·2015年,思考自身,认真整理提炼教育经验。

结合几年的学习和思考,反思自身特点,寻找自身优势,提炼经验,总结归纳自己的管理方法,整理几年来的笔记,进行分类,并请专家指导剖析,逐渐提炼属于自己的特色方法。

·2016年,展示成果,形成经验并应用展现。

将学习到的知识运用到教学实践中,学有所成,学有所用,学有所长。概括出适合自己的教育教学管理方法,形成学习提高—理论实践—再学习提高—再理论实践的流程,活学活用,逐渐塑造自己,展示自己,真正使自己成为一个全面发展的优秀管理者。

二、岗位实践计划

总目标:

建立起灵活开放的教师培训体系,搭建终身学习的"立交桥",促进各级各类培训纵向衔接、横向沟通、多维发展。让教师进修学校成为教育家成长的摇篮、名师成长的基地、一线教师的精神家园,成为孕育希望、成就梦想、张扬个性、放飞未来、执着追求、实现理想的场所。

常态工作:干部教师培训,区域人力资源提升工作。

①全员普及,分类组织,分层提升。培训面向全员,突出骨干,打造名优。做好全员普及和提高工作,用五年的时间对全区各级各类从事教育工作的人员,进行全覆盖、无缝隙的拉网式培训。分类组织,甄别选优,同时加大对农村教师的培训力度。

②构建体系,周期循环,日臻完善。形成全员培训——骨干培训——名优

培训金字塔式培训"三部曲"。构建全面覆盖打基础,塑造名优为目的的培训格局。五年中确保人人参与培训,确保普及培训并筛选骨干。不断拓宽教师研修平台,以问题为中心,以解决问题、指导实践和改善行为为目的,学研训结合,学研训互补,整合优质教育资源,开发多样化、多层次、多序列的模块化课程资源,并在以后的每轮培训中不断完善,构建开放、多元、灵活的干部教师继续教育课程体系。

③提炼经验,总结成果,展示推广。边培训边总结经验,提炼成果,并通过专题研讨、主题观摩、项目开发、成果展示等形式多样的汇报展示活动,为每类优秀成员提供平台,形成名优带骨干、骨干带全员的良好氛围。

专题研究:

针对我校硬件条件不足、师资相对薄弱的缺点,我们向上挂靠高校,与高校联合举办高级研修班;有效开发网络资源,借助山东教师教育网的功能帮助教师成长;基于新的环境以及新时代对教育者的要求,基于本地教育特点和国家对教师培养工作的要求,以《构建立体式培训模式,促进学习型组织建设》为研究主题,不断探讨,共享好经验、好方法,有计划有步骤地谋求发展。

三、教育管理实践研究经验的总结提炼、发表出版和推广应用计划

善于积累、善于思考、善于总结是优秀教师的教育品质,写教育日志的习惯、写教育叙事的习惯、写教学经验的习惯更是一名优秀教师的素养。我们应善于总结提炼,将学习到的经验进行升华,形成论文和专著,并进行应用推广。

第一阶段:学习积淀、初试牛刀阶段(2012—2013年)。

在第一阶段的这一年中,重点写读书笔记,写教育叙事,写教学案例,养成随时反思、时时记录的习惯,做到有足量作品积累,写一本教育札记。提高自己的理论水平,使自己更加敬业、勤业、精业,活化学习形式,精心挑选相关的理论文章或经验总结,分析、讨论优秀管理者的教学理论并用于自己的教学实践,不断反思自己的工作做法。力争有一篇作品发表于市级以上刊物。

第二阶段:写作磨砺、厚积薄发阶段(2014—2015年)。

本阶段我重点通过写作磨砺意志,通过写作发现教育真谛。使自己的管理

实践经历“实践—探索—总结—再实践—再探索”的发展之路,同时不断更新教育观念并在学校里推广,起到优秀管理者的示范引领作用。除平日随时的教学札记、教育日志外,每季度认真完成1篇文章,可以是管理思考,也可是管理案例,还可是科研小结;每学期完成1万字学习笔记;每年积累一些管理小智慧。力争在省级以上刊物发表文章1篇。

第三阶段:总结感悟、形成专著阶段(2016年)。

本阶段主要对自己4年中零散的经验、教育论文进行梳理,形成《教育管理案例集》,并逐步整理完善,较为完整地记录自己的教师培训管理工作花絮、管理策略以及管理中遇到的问题和应变策略等,让这个案例集启航自己新的管理历程。

总之,着眼将来,着手眼下。把教育管理当成科学去研究,当成艺术去追求和揣摩,博采众家之长,以长期不懈探索的精神、细致的工作态度、科学的管理方式形成特色管理风格。努力记录自己的管理足迹,形成自己独有的教育管理方法。

我的五年规划,成为之后五年我努力的方向标,虽然不是每一个规划都能实现,但它在这一阶段指引我前行,在我的思维方式和专业发展提升方面起着举足轻重的作用。

第六节　做好年度学习计划

我们为教师设计了一个年度学习计划模板,目的是帮助教师增强专业发展目标意识,明确学习主攻方向,梳理学习内容,并观测记录自己的学习成果,提炼经验。其实质就是训练教师一步一个脚印地有计划地学习成长,督促教师不断规划自己的未来,逐步实现循序渐进、螺旋上升的过程。“不积跬步,无以至千里;不积小流,无以成江海。”脚踏实地地走,才能达成自己的终极目标。

一、以年度为节点确立小目标

制订年度学习计划,是自我诊断式培训的一种。只有定好年度小目标,自行谋划，量力而行，才能够更好地实现目标。作为老师，制订年度计划，应简简单单、实实在在地体现自己的学习目标、学习内容、研究方向、实践策略和学习效果。只有确定自己的努力方向，才能不断反思自己，提高自己。

年度小目标可以是学习运用某一种技术，如学习如何使用录屏软件、如何做微课等；可以是精读一本书并实践其中的策略，如读《给教师的建议》并尝试去实践；可以是钻研教材教法，如学习学科课程标准，并确定基于标准的教学目标；可以是学习一项教学基本功，如粉笔字练习、简笔画研究、美术教师国画研究等；可以是写作技能训练，如学习教育案例的撰写策略，并撰写教育案例等。总之，和教学有关的信息技术、专业理论、学科技能、视野拓展、名师经验等都可以作为自己年度的学习目标。做好学习计划，经常自查落实情况，让学习成为一种习惯，促进自己专业技能的不断成长。

二、建立清晰的模式便于操作

教师个人计划可设六个项目，开头是目标，结尾是审核，中间是重点的“学—研—用—评”四个环节。

目标：明确本年度个人主攻方向，想达到的目的。审核：年底对个人学习计划完成情况进行审核与检查，体现事后的监督与促进。

中间四个环节是重点。学：制定主要学习内容，可以结合上级网络研修任务和个人提高重点进行学习思考；研：思考本年度学习目标和重点；用：思考如何实践应用，重点体现所学内容在教学实践中的应用范围、方式和方法等；评：年底做好小结，体现对自己一年学习效果的自评，看是否达到预期目标，并提炼学习经验，发现学习中的问题，及时针对自己的问题在下一年度学习提高。每年初教师填写计划表的前四项，年底填最后两项，整理保存。（具体设计见附表1）

附表1：(　　　)年教师年度学习计划表

学校：________　　姓名：________　　学科：________

项目	内　容
目标	(明确年度个人主攻方向，想达到的目的)
学	(学习什么？说明本学年主要学习内容，结合各级研修任务和自己的目标思考)
研	(研究什么？说明自定的主要学习内容，以及如何与教研结合)
用	(如何实践？重点谈所学内容在教学实践中的应用范围、方式和方法等)
评	(如何自评？评价自己一年学习效果是否达到预期目标，提炼经验，发现问题，每年12月份填写)
审核	审核人(签名)：　　(单位盖章) 年　月　日

三、用心做好年度学习计划

年度学习计划看似一年一年重复进行,没有创意,似乎很麻烦,实际年度计划是十年磨一剑的积累过程。学习计划是否有价值,是否有效果,关键看教师是否用心思考、真正制定出自己的真实学习目标。有的教师非常善于学习,心中有长远学习目标,针对自己的远期目标有目的地制订年度学习计划,通过年度计划分段实现自己的终极目标,不断地储备能量,本领日益增长。也有的教师把年度学习计划作为一个任务,为了完成任务应付了事,制订学习计划随意性强,没有长远的思考,制订好计划就扔到一边,到年底才想起来,随便写写自评。实际上应付别人就是在应付自己,年度学习计划是为教师成长设计的,用好计划是对自己负责任。只有真正学习积累,才能不断进步,受益终身。

第三章

新教师专业成长路径

“心心在一艺，其艺必工，心心在一职，其职必举。”

成长不是一蹴而就的。一心一意做教师，精益求精研究专业，等待厚积薄发是执着于一辈子做教师的人应该做的。

第一节　新教师专业成长路径思考

教师职业的专业化建设越来越被重视，教师的专业水平需要在教育教学实践中不断通过学习和训练加以提升。教师的专业发展需要从专业理念、专业知识、专业技能等方面进行培养。作为新教师，入职后要确立自己的专业成长路径，从最基本的教学需要开始提升自己的专业素养，从理解能力、授课能力、竞争能力和写作能力等方面提升自己。具体来说，新教师首先要读好三本学科专业书，转变理念；然后探索课堂，提升自己的授课能力；接着参与各类比赛，激发自己的潜能；最后总结积累、反思，形成自己的教育理念。新教师专业成长路径设计可以用下图来表示（如图 3－1）。

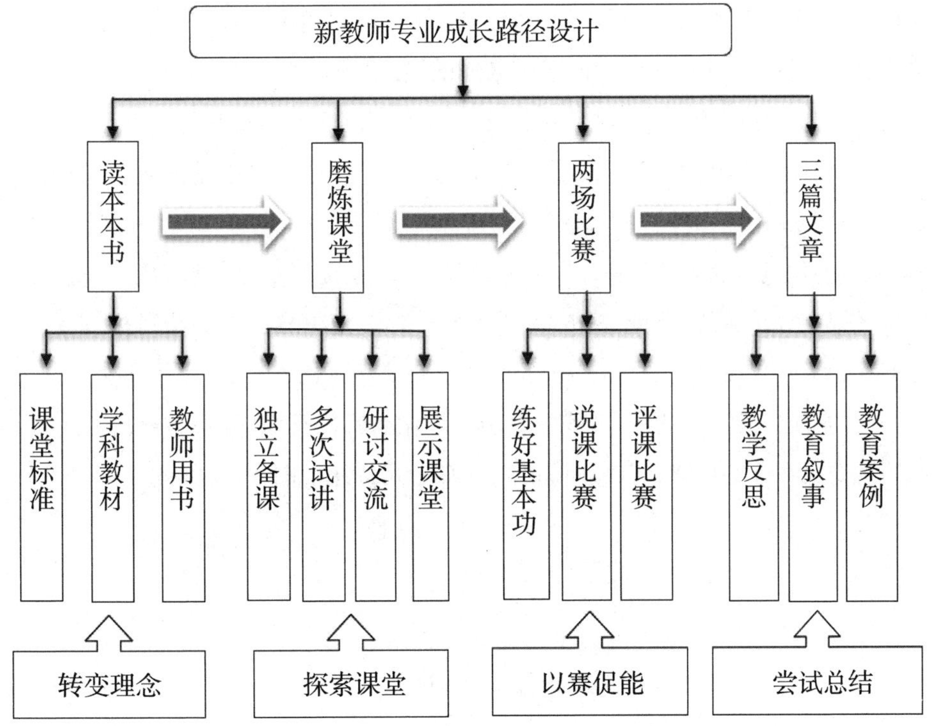

图 3－1　新教师专业成长路径设计

教师专业发展是一个不断积淀、感悟、飞跃，再积淀、再感悟、再飞跃，循环往复的过程，可以用教师专业发展循环图来表示（如图3－2）。

教师专业发展循环图

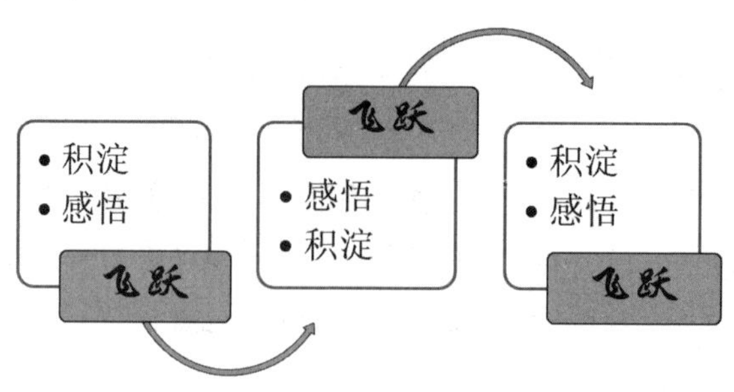

图3－2　教师专业发展循环图

此图看似简单，却蕴含深刻的道理。教师的专业水平就是在这循环往复中逐步提升，高水平虽不是一日之功，却并非遥不可及。教师要认准一条道路，持之以恒，不断积累经验，待积累到一定程度，就会从干事的真心、恒心、决心中感悟教育的真谛。感悟不断上升，会带来质的飞跃，帮助教师完成质变。

新教师一定要有成为名师的愿望和付诸实践的行动，成为名师也有一定的规律可循。名师训练往往要经历一个“定位—模仿—提升”的过程，想成为名师首先要从“三个一”做起——制定一个奋斗目标，为自己定位；确定一名学习榜样，从借鉴他的经验学起；实践一次特色展示，真正提升自己。努力学习榜样的风格，借鉴他人的成长经验，模仿专家的教学方式，定位自己的奋斗目标，形成自己的教学特色并在展示中发展，把你的思考变成行动展示出来，你才会变成一个不一样的自己。教师在这个过程中逐步积淀做名师的智慧，寻找自己的特色，为成为优秀教师夯实基础。名师训练的基本路径可以用下图表示（如图3－3）。

名师训练的基本路径图

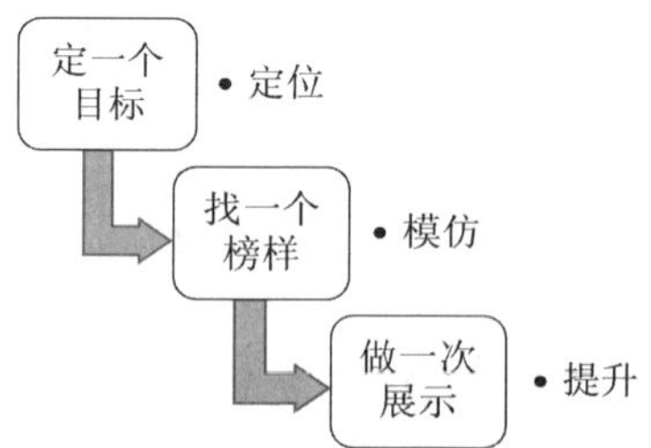

图3－3　名师训练的基本路径图

第二节　读好三本书

一、读好学科课程标准

学科课程标准是由国家制定的教学行动纲领，是教材编写、教学、评估和考试命题的依据，是国家管理和评价课程的基础，也是每一位教师教学的行动指南。它体现国家对不同阶段的学生在知识与技能、过程与方法、情感态度与价值观等方面的基本要求，是规定某一学科的课程性质、课程目标、内容目标、实施建议的教学指导性文件。课程标准提出了面向全体学生的学习基本要求，是教师必须掌握且在教学中一直要贯彻的行动纲领。因此，作为新教师，教学之初就要认真研读学科课程标准，掌握学科课程目标，基于课程标准理念思考教学，进行备课、上课、教学实践。

课程标准一般包括五部分：前言、课程目标、内容标准、实施建议和附录。我们该如何读好课程标准呢？除了通读之外，教师还要对每个章节逐字逐句细品，特别是对前言、课程目标要常读，牢记于心，更重要的是将课程理念结合一节节教学设计对应解读。教师要养成备课时看课程标准的习惯，在设计一节课的教学计划时，先看课程标准中对本节课的要求，然后基于课程标准的角度去备课，这样的备课反过来有助于帮助教师更深入地理解课程标准。

读前言的时候，教师要把基本理念、课程的性质和地位等牢记于心。读课程目标的时候，教师不仅要读懂总目标，了解学科总体要求，还要读好学段目标。教师可以把课程目标分学段抄下来贴在自己备课本前，或者放在办公桌上，增强教师备课中的目标意识。教师读课程内容部分可以了解学科基本体系，读实施建议的时候要注意重点难点，读附录要注意重点词语的理解。教师在阅读课程标准时还可以找一些专家解读课程标准的视频资料等，聆听专家的解读，有助于教师更深层次地理解课程标准。

设计一节好课最重要的是确定好学习目标。当我们确定教学内容之后，首要任务是确定目标，这是教学设计的方向。而制定学习目标就可以用五部曲：

一看课程标准;二看教师用书;三看教材内容;四定目标;五回头看每个步骤的合理性和准确性。

例:“十几减9退位减法”一课。课程标准的相关要求为:能熟练地口算20以内的减法,经历与他人交流各自算法的过程,能运用数的运算解决生活中的简单问题。

针对这个要求我们制定的学习目标就对应有三个:一是通过小组内的观察和操作,会用自己的语言表达“15 - 9”的口算方法;二是通过口算“15 - 9”,对比各种口算方法,会选择优化的方法正确口算“十几减9”;三是在解决问题的过程中,感受数学来源于生活,能正确运用“十几减9”解决生活中的实际问题。

课上的评价任务也可以设定几个,下面的三个评价任务都是对应学习目标而定的。任务1:以小组为单位,互相说一说自己口算“15 - 9”的方法(目标1)。任务2:口答两个问题“说一说,你是怎样口算‘15 - 9’的”和“哪种方法算得又对又快”,并选择又对又快的方法口算“13 - 9”,完成做一做第2题和教材11页第2题(目标2)。任务3:完成教材11页第8题,编一道可以用“十几减9”解决的实际问题(目标3)。

根据课程标准确定学习目标,教师就不会偏离方向,进一步解读教师用书,帮助教师理解,再设计教学方案就会更加准确有效。可见读好课程标准对教师研究学科教学至关重要。

二、读好学科教材

新教师除了读好课程标准,还要注重读好学科教材。首先要通读本年的教材,了解所教年级具体的教材内容,新教师要有全局意识,先谋全局,再谋一章,最后谋一课。有时间的时候,读整套学科教材,更有助于新教师对本学科教材的系统思考。教学前读教材,教学中读教材,教学后还要读教材。新教师要反复地读,一字一句地读,想着编者的意图去读。下面以数学为例谈一下在期末复习时我是如何通读教材的,期望能给大家提供借鉴。

【读好教材的建议】

又到期末复习时，读好教材促提升

在期末复习时，老师们忙得不亦乐乎，成绩暂时不落后的同学简直成了老师们的宝贝，各科老师都抢着为其辅导。新授课难就难在一个让学生掌握知识点，练习课则难在如何让学生提升一个层次。而复习课则是所有课中最难把握的，它不仅需要梳理知识，更需要总体把握，不仅有横向的知识脉络，更要有纵向的知识延伸。

1. 通读例题

目的：掌握知识点。教材中的每个例题都代表着本单元的重点知识点。通读全书例题可帮助教师有效地明晰知识点，以便找出复习重点。

做法：教师自己先复习教材，把教材上所有的例题通读一遍，看看涉及哪些内容，每个单元涉及哪些例题，重点、难点是哪些，并简单做一下笔记，或简单做一个知识网络图。当教师做完这项工作后，再看教学笔记的时候，会有不一样的感受。

2. 通读练习题

目的：通读练习题可以让教师有效掌握例题的变化。练习题是例题的变化和实践应用的思考，考察学生的应用能力。如果说掌握例题是知识入门，那么掌握练习题才是将知识点有效把握，才是真正掌握知识。

做法：教师要做的就是通读课本上的练习题，看看每个练习题都出现了怎样的变化，每个变化的难易程度，学生掌握时应该注意哪些问题。教师掌握了这些会对期末复习很有益处。

3. 研读总复习和总练习

目的：梳理精华知识点。每册教材最后都有总复习和总练习，它是对本册知识的总体梳理，是对重点知识的提炼，是本册的精华所在。

做法：教师先自己读，再教学生读。教师不仅要自己会读总复习，还要教会学生读总复习，并让学生把总复习的题目认真完成。教师同时要对每个总复习后面跟着的综合练习进行认真研究，这是全册练习总抓手，是重点知识点所在，教师要认真研读，对重点题目要反复思考。教师还要让学生读总练习，让他们不仅读给自己听，还读给同学听。

不仅仅学习语文学科要读书，学习其他学科也要读书，特别是期末复习期间不能光练习，不读书。每次期末复习前，很多老教师总是拿着课本反复看。他们在看什么？其实就是在通读教材，在梳理全册的重点、难点。每当我通读教材的时候，学生对每个知识点的掌握情况总是会在我的脑海中浮现，让我可以圈出需要重点复习的内容，以及学生容易出错的地方。总之，在期末复习时，教师一定要拿起教材来读一读。

三、读好教师用书

教师除配备学科教材以外，同时都会有配套的学科教师教学用书，教学用书是教师备课最有效的教学参考。教师一定要读好教师教学用书。

教师教学用书主要内容有教材说明和教学建议、教学设计或教学片段、备课资料、评价建议与评价样例，是最直接、最接近教材的专业分析与指导，对教师备课具有很大的帮助作用。

1. 对应教材去读

读教学用书一般需要对应教材相关内容去读，教师用书既有教材中的图片，又有对照解读。教师备课前要先看教材内容，再看教师用书的建议，可以把重点的地方勾画下来，重点理解；教师备课之后要再对应教师用书看看自己的教学设计，同时在教学设计中要加入自己的理解与思考；教师上课之后要根据学生的掌握情况和上课过程中出现的问题，再次回头看教师用书的相关分析，进行反思。

2. 边读边思考设计

教师读教师用书要边读，边思考，边设计教学计划。教师用书配备的目的是让教师更好地使用教材设计教学内容方法，因此教师在阅读教师用书的时候，要认真品读每一句话，这是教材编者们集体的智慧。教师要阅读并体会教学建议，领悟理解课后题的编写意图，随后设计自己的教学案，设计每个教学环节的教学内容和练习内容。理解好运用好教师用书有利于教师精准设计练习策略，帮助学生达成学习应用知识的目的，有利于教师有效评价教学效果以及学生的学习效果，更有利于教师不断地改进教学策略方法。

第三节　精心磨炼一节课

教师的阵地在课堂。只有守住课堂，潜心研究自己的学科教学，才能坚守住阵地。教师必须在课堂上下功夫，要有自己与众不同的思考。每个学科都有独特的特点，教师要善于研究自己的课堂，多多思考，做出专业的课堂。而这都需要教师经历磨课，才能把所思所想融入教学实际中。

教师专业成长过程中，磨炼课堂是最直接、最有效，也是提升教学水平最快的方法之一。教师“磨课”不仅是重要的教学基本功训练，更是针对新教师专业提升的团队行动。“磨课”一般要经过多轮打磨、反复推敲、不断改进。

一节优质课的形成要经过一轮轮打磨，一次次推翻重来。一个熟练驾驭课堂的教师，一节令人赞叹不已的课程设计，都曾经过千锤百炼、精雕细琢。

一、回顾磨课经历

磨课真的像一场战役。

序幕：从执教教师独立认真备课后谈教案开始。

实战：从教师第一遍全力以赴试讲开始，教师处处用心努力，却处处充满疑惑。

研讨：课后的“唇枪舌剑”开始，各位听课教师各抒己见的争执都在情理之中。

战场：一轮轮去粗取精、去伪存真后，大家经过实战的检验，逐渐统一思路，渐渐达成共识。终于，执教教师带着大家的共同期望，带着自己的练习成果，走上最后的讲台……。这就是课堂，是我们教育人几十年不断研究的课堂。

二、磨课，我们到底在磨什么

细细想来，一节课反复磨炼之后，我们看到了教师的提高、教案的成熟，更看到了教育人群体的智慧。关于磨课，我们主要做了三件事。

1. 精心完成教案设计

第一遍教案和最后的教案往往差别很大，我们经过一遍遍打磨，找到最佳的方法，看到怎样的设计才能达到最好的效果，最终形成最优的教案。这会为我们以后的教学提供经验，使我们少走弯路。

2. 充分了解各类型学生，预设思考可能性

参加过比赛的教师都知道，我们在磨课的时候经常会到不同地区的不同学校反复试讲，就是为了了解同一个问题不同地区、不同层次的学生的理解表现，同时可以针对性地设计不同情况的解决策略。我们试讲时发现多少种问题，就会相应预设多少种应答的策略，最后教师走上大赛课堂游刃有余，都是这样历练出来的。

3. 最大限度达到教学细节完美

执教教师是磨课最大的受益者，大家都带着挑剔的眼光找问题，带着诚挚的态度出主意。旁观者清，听课者会发现问题并及时指出。执教教师经过一遍遍的磨炼，会改掉一些不良习惯，并将教案烂熟于心，对学生学情的分析应对恰到好处，举手投足间渐渐形成大家风范。

对教师来说，经历过一次磨课，不仅是一次成长，更是一次蜕变。

【备好课的建议】

谈怎样备好一节课

备好一节课不是一件容易的事情，需要很多实践经验，更需要心中有数。我认为简单来说有四点：

心中有标准——方向；知识有储备——能源；基本架构要清晰——骨架；细节要落实——枝叶。

1. 心中有标准——方向

这就要求教师要做到心中有数，就是心中要明白备好一节课的标准是什么。即紧扣课程标准要求，大方向要对，具体目标要清晰。

2. 知识有储备——能源

这就要求教师要有丰富的相关知识，还要有教学实践经验。如准备阶段的导入环节，教师要知道有讲故事导入、创设情景导入、活动导入、猜谜语导入、设

疑导入等多种方法，还要知道什么样的教学设计用哪种导入更合适，并能够根据实践经验合理选择相对适合的导入方法。

教师是多面手，需要“眼观六路，耳听八方”。教师要多看学科教育杂志，了解国内外教育的动态，还要多多参与网上观课、专家讲座，看看其他人如何处理教学中的问题，并努力从中得到启发。

在教学设计的时候，教师需要搜集本节知识点的相关素材，去粗取精，并结合自身实际，创新教学方式。

3. 基本架构要清晰——骨架

教师要明确教学设计的基本框架：复习导入阶段—教学新授阶段—基本练习阶段—拓展延伸阶段。它就像一节教学设计的基本骨架一样，支撑教学活动整体架构。只有结构完整，才能为后续设计打好基础。

4. 细节要落实——枝叶

一节教学设计好不好，是否有细节很重要，就像一棵树有无枝叶繁茂、果实累累一样。细节决定成败，细节决定效果。就像一棵树，我们填充枝叶可以成为茂盛的树木，添上花朵可以是繁花似锦，添上果子可以是果实累累。

细节不同，效果不同，教学设计的味道不同。这虽然是个比喻，但是教学设计的确如此。

第四节　准备两场比赛

教师的教育生涯中常常会遇到很多比赛，教学基本功比赛、教学能手评选、评优课、演讲比赛、说课比赛、评课比赛等。在我看来，对提高新教师教学水平帮助最大的两个比赛是说课比赛和评课比赛。这两者是教学比赛中最常见、也是举行最多的方式，也是提高教师教学理解与应用能力的重要手段。因此新教师在教学之初应首先训练自己的说课和评课能力，并积极参加说课比赛或评课比赛。

一、说课比赛

说课比赛的方式就是教师用 15 分钟左右的时间，在没有学生的情况下口头表述一节课的教学设想及思考分析，这是让教师在认真备课的基础上，面对同行讲述自己本节课教学设计的思路与方法。说课没有固定的模式，但需要说清楚、说明白，要有过程与分析，能体现最基本的教学内容，让听者能够比较全面地了解你这节课的设计和推进策略，以及你如此设计的依据和思考。它可以用较短的时间帮助设计者梳理教学思路，明晰如何设计、为什么这样设计，不受场地限制，不受人员限制，这对提升新教师的教学水平大有帮助。

二、怎样说好一节课

1. 了解说课的基本框架

说课一般需要说四个方面的内容：一是教材分析，二是教法学法，三是教学过程，四是板书设计。教材分析体现设计者的设计理念，对教学目标、重点和难点的定位；教法学法体现本节课教师采用的主要教学策略和学习方法设计；教学过程要说出教学的设计思路，并说出重点环节的设计意图；板书设计是在说课的过程中写出的，要有一定的排列，让听者看出你的思考。教师在准备说课之前要把基本框架搭建起来，再逐步根据需要填写相关内容。

2. 精心备课

说课真正的精髓在于能体现教学的设计水平，所以说课中设计出一个精彩的教学案异常重要。教师首先要认真分析教材，设计有利于课堂教学实施、体现教学效果的方案。教师设计教案的时候要从教学基本的导入、新授、练习和拓展等全局考虑，先有整体的思考，再体现一个层层递进的过程，设计出的教案还要有亮点，体现与众不同的思考。

3. 明确设计意图

这是一个对设计深入思考分析的过程。设计好教学案后，教师在原有分析的基础上，要再次对每个教学环节的设计意图细细分析，对照课程标准、教师用书的要求去思考，看是否符合学科教学理念，能否达成本节课的教学目标，对认为欠缺的地方可以进一步修改完善。

4. 完善说课并尝试自己练习

这是说课比赛前很重要的环节，教师通过前面的环节，头脑往往还停留在分段设计中，没有对这节课的整体把握。因此教师需要阅读一遍说课稿，自己

试着说说看，对设计中不到位的地方再次修改。熟悉了说课稿，教师说起课来就多了一分自信。

【比赛的说课】

《工程问题》说课

我曾参加过一次市级比赛，比赛其中一项内容是说课，前一天傍晚6点抽签，第二天上午比赛，中间十几个小时的准备时间。当时我一夜无眠，调动全部脑细胞，誓要把教学积累的经验、方法和智慧通过一节课展示出来，讲给评委听，这真的非常考验人。比赛结束后我对比赛中的一字一句依然印象深刻，期望这个说课案例可以给走上教育岗位的你有所借鉴。

一、教材分析

1. 地位

这节课的内容是九年制义务教育教材第十一册98页例10及有关练习题。它是学生已经掌握的整数应用题及简单的分数应用题的一种，这种应用题是用分数来解答有关工作总量、工作时间和工作效率之间相互关系的问题。它的解题思路与整数应用题基本相同，仍然是工作总量除以工作效率等于工作时间。但是有两点不同：第一点，题目中没有给出具体的工作总量，解答时要把工作总量看作单位“1”；第二点，工作效率也没有在题目中给出具体数量，要用单位时间内完成工作总量的几分之一（即1/工作时间）来表示。工程问题比较抽象，学生要在教师的引导下，通过相互之间的讨论抓住新旧知识的联系，逐步加深对新知识的理解。同时通过分层练习，可以让学生进一步理解工程问题的数量关系和解答方法，为今后的学习打下良好的基础。

2. 目标

依据教学大纲和教材意图，根据学生的实际，我制定了本课的三个教学目标。①知识目标：使学生学会用分数解答有关工作总量、工作时间和工作效率之间相互关系的问题，让学生熟悉用单位“1”表示工作总量以及用完成工作总量的几分之一来表示工作效率的方法。②能力目标：通过小组探索讨论，进一步强化学生的自主学习能力，培养学生的创新能力、合作能力和思维能力，并通过新旧知识的对比、联系引导养成类比推理的能力。③情感目标:为学生创设一种独立思考、相互协作的学习情境,培养学生独立思考、克服困难的精神和良好的学习习惯。

3. 教学重点、难点

重点、难点就在如何用分数来解答有关工作总量、工作时间和工作效率之间关系。学生习惯根据题目给出的具体数量来解答应用题,而工程问题中没有给出具体的工作总量和工作效率,因此我们需要把工作总量看作单位“1”。让学生理解用单位时间内完成工作总量的几分之一来表示工作效率,也是教学重点、难点。

二、教学方法与学法指导

教育家陶行知先生说:“先生的责任不在教,而在教学,而在教学生学。”只有科学地处理好教与学、知识内容与教学手段之间的辩证关系,才能有效地使教法为学法服务,才能提高学生的素质,培养学生终身学习的能力。因此本节课我主要采用引导合作探究的教学方法,通过四人小组的学习、交流、讨论、辩论等方式,引导学生提出问题、分组讨论、汇报成果、深化理解,为每位同学创设参与学习过程的机会,实现不同层次学生有效和谐地发展。

科学的学习方法来源于成功的学习实践,学法指导是在学生主动参与认知过程的基础上,引导学生回顾学习过程,从一点一滴的零散知识中揭示出学习规律。工程问题就是在整数应用题和分数应用题的基础上发展而来的,因此本节课要重视新旧知识的联系,并通过对比同化,培养学生“见新思旧,以旧学新”的能力,让学生学会通过对新旧知识的对比理解新知识,从而更牢固地理解掌握工程问题的解题思路,培养出学生良好的创新能力和思维能力。

总之,从学生和教材的实际出发,通过一题多变、一题多解的“变式”训练,让学生经历知识建构的完整过程,让学生在思考和创新的体验中学习知识、学会方法。

本课教具有实物投影仪、投影片等。

三、教学程序

这节课共分四个环节。创设情境,引入新知;小组讨论,探究新知;对比总结,概括新知;分层练习,巩固新知。

1. 创设情境,引入新知

思考问题是从提出问题开始的。我有意识地为学生创设问题情境,使学生兴趣盎然地探索知识、获取知识。我根据本班学生的实际情况,一改以往从整数应用题入手的常规“导入”方法。我首先通过实物投影出示我校的校门效果图。学生一看到校门效果图顿时惊奇万分,急于想知道我的意图。这时我抓住这一时机说:“为响应我市正在开展的容貌工程,改善我校的校容校貌,我校准备重新修建大门,这就是新大门的效果图。今天我们就来研究校门建设中的数学问题。同学们,如果让你来当总指挥,你打算怎么办?”这样我一下就调动起了学生的学习兴趣,使学生思维活跃起来。有的学生说:“找几个工程公司公开招标。”有的学生说:“谁的工程质量高就让谁干。”有的学生说:“谁干得快就让谁干,时间就是生命!”也有的学生说:“谁技术先进就让谁干。”如果学生能想到两个队合作修建又快又好,我就会抓住时机导入新知。如果学生想不到,我就可以点拨一下:“如果需要既保证质量,又可以缩短工期,还有没有更好的方法?”这时学生就会想到让两队合作,既保证质量,又能缩短工期。这时我再不失时机地说:“你真聪明。我们将精选出两个工程队分别称为甲队和乙队。”然后出示改变的例题:修建我校大门工程,甲队单独修建需要 10 周完成,乙队单独修建需要 15 周完成。两队合作修建需要几周可以完成?

这里从学生身边的实际事例导入新知,既亲切自然,又富有情趣,让学生在思维和创新的最佳心理状态中,不知不觉地展开学习。

2. 小组讨论,探究新知

这个环节我是分三步完成的。

第一步:由四人小组讨论例题。出示例题后,我只说了一句:“这道题该怎么解?”让学生从自己已有的知识经验出发来思考讨论这道题,给学生充分的思维空间,使学生在相互讨论、相互交流、相互合作的过程中探求新知。这一步的目的是培养学生的创新精神和创新能力。

第二步:各组汇报讨论结果,我把学生讨论的结果记录在黑板上。一般情况有两种答案:

① $1 \div (1 \div 10 + 1 \div 15)$

② $1 \div (1/10 + 1/15)$

这一步的目的主要是让各组之间互相了解讨论的情况。

第三步:探索算式的含义。学生的理解水平不一,虽然能够列出两个算式,但是算式中每一步的含义并非每个同学都能理解。这时我就会问学生:"有没有不明白的地方?"不理解的同学自然会提出:"算式中1表示什么?题里没有直接告诉我们1/10和1/15,它们是哪里来的?"而理解题意的同学就会帮助解答:"题里没有告诉我们工作总量,我们用单位'1'表示。工作总量除以甲队工作时间等于甲队的工作效率,即1/10,同理1/15是乙队的工作效率。"在学生的互问互答中,他们不自觉地抓住了重点,突破了难点。这时引导学生再看一下算式就清晰可见工程问题的解题思路:工作总量除以工作效率等于工作时间。然后我再及时归纳:"今后解答这类题目,可以用单位'1'表示工作总量,用工作时间的倒数表示工作效率,像这类应用题叫工程问题。"

3. 对比总结,概括新知

通过以上的探讨,学生已初步感知工程问题的特点和解题思路。这时我让学生看课本例10中的两道题,让学生对比两道题的异同点,找出解工程问题的注意事项。通过看书对比,学生可以看到前者是整数应用题,工作总量是直接告诉我们的,而后者没有直接告诉我们工作总量,两者的解题思路相同。解工程问题要注意两点:一是用单位"1"表示工作总量,用单位时间完成工作总量的几分之一表示工作效率;二是解题方法与整数应用题相同,是工作总量除以工作效率等于工作时间。通过对比,学生明确了知识的前后联系,进一步深化理解了所学知识,还能概括新知。

4. 分层练习,巩固新知

练习中科学地组织多层的练习体系,不仅能巩固所学的知识,还能培养学生的能力。本节课我设计了四层练习体系。

第一层,基本练习,主要完成做一做和练习第一题。这组题目我让学生独立完成,目的是让学生进一步理解工程问题的数量关系和解答方法,并能及时反馈学生的学习情况。

第二层,对比练习,完成练习第二题。这道题有三问:

①如果由甲、丙两人合做,多少小时可以完成?

②如果由乙、丙两人合做,多少小时可以完成?

③如果由甲、乙、丙三人合做，多少小时可以完成？

我让学生对比着①②问和②③问答题，目的是使学生加深对用分数表示工作效率的理解，养成良好的审题习惯。

第三层，变式练习，完成练习第三题。这个题目要求完成工作总量的5/6要用多少时间。出题者的意图是使学生理解有时由于只完成整个工作的一部分，就需要用分数来表示这一部分。然后我利用投影片将题目变为工作总量还剩下1/3，要用多少小时完成。列式为(1－1/3)÷(1/4＋1/6)。我再用投影把题目变成甲先干了2小时，剩下的甲、乙合作需要多少小时完成？这时应列式为(1－1/4×2)÷(1/4＋1/6)。

通过这组变式练习促使学生真正理解题目的数量关系，进一步提高学生的分析、解题能力，防止有的学生死套解答模式，在不理解的情况下解题。

第四层，发散练习，完成练习第四题。我先让学生独立完成第四题中的两个小题，同时引导学生观察两道题目的特点。学生通过观察和对比，发现第(2)小题相遇问题可以用解答工程问题的方法来解。这时我再把这两小题合成一道题：两列火车同时从相距600千米的两城相对开出，一列火车从甲城开往乙城需要10小时，另一列火车从乙城开往甲城需要8小时，经过几小时后，两车可以相遇？我让学生们组成四人小组进行讨论，并要求他们尽量用多种方法解答。

有的学生用旧知列出：

600÷(600÷10＋600÷8)

有的学生用新知列出：

1÷(1/10＋1/8)

也有的学生将新(旧)知与方程结合列出：

$(600\div 10+600\div 8)x=600$

$600/x=600\div 10+600\div 8$

$(1/10+1/8)x=1$

$1/x=1/10+1/8$

$600/10x+600/8x=600$

$1/10x+1/8x=1$

……

这里由学生讨论得出多种方法，既锻炼了学生思维的灵活性，又培养了学生的创新精神。同时，通过新旧知识的联系，又进一步培养了学生的举一反三和触类旁通的能力。

然后我布置课堂作业，让学生完成课本练习的五、六、七三道题。目的是检查学生对新知的掌握情况。

最后我进行全课概括总结：这节课我们研究了工程问题，它的特点是什么？解题思路是什么？通过让学生回答问题进一步让他们回顾知识，深入理解和牢固掌握工程问题的解题方法。

总之，本节课通过四人小组讨论的方式，借助我的引导让学生主动积极地探求知识、获取知识，体验学习知识的全过程，并让学生在学习中总结学习的方法，提高了学生的创新意识和创新能力，把“变学生被动学习为学生自主学习”真正落到实处。

四、板书设计

工程问题

一、教材分析

1. 地位

2. 目标

3. 教学重点、难点

二、教学方法与学法指导

四人小组讨论，合作探究

学生思考，创新体验

三、教学程序

1. 创设情境，引入新知

2. 小组讨论，探究新知

3. 对比总结，概括新知

4. 分层练习，巩固练习

二、评课比赛

评课,即评价课堂教学,是在听课结束后的一个重要拓展延伸环节。它是听课者对执教教师课堂的优点和不足的综合评价,好的评课往往能提出建设性意见。评课是教学研究活动的重要环节之一,能够有效提升教师的专业素养,经常聆听专业人员评课,对教师的成长会起到事半功倍的作用。新教师由于对教材理解不到位,听课时往往有种无所适从的感觉,分辨不出这堂课到底是不是一节好课,更分辨不出这套课好在哪里。但是新教师听听专业的评课分析后往往有一种豁然开朗、茅塞顿开的感觉。因此在教师专业成长中听课很重要,听大家评课也很重要。

1. 如何评课

评课的方式很多,有教师们之间的互相评课;有学校领导听课后的指导评课;有教研员的课后点评;有教学专家的专业引领评课等。教学评价是教学过程的结束,也是新一轮教学过程的开始,对于一节优质课的形成来说,每次试讲之后的评课就是最重要的提升环节。评课的真正目的不是判定等级,而是帮助教学不断优化。我刚入职的时候,参加过很多教研活动,在展示课后,我会给课后评价环节留足时间,让听课者热烈讨论。我们可以从中得到很多启发引导,在辩论中也能找到自己的最佳策略。

到底该如何评课呢?一般来说评课可以分成三块最基本的内容:一是评课堂亮点,二是找教学不足,三是提出听课建议。评课首先要考虑教学目标是否达成,没能达成教学既定的目标,即使热热闹闹,也不能算一节好课。课堂评价是多角度的,可以评价教学目标是否达成,评价师生关系是否和谐,评价学生课堂参与度是否高,评价教学手段是否有效,评价教师课堂提问是否合理,评价学生自主合作探究是否积极,评价教学效果是否显著等。评价一节课不可能面面俱到,可以从某一方面或几个方面重点观察评价,但是评课一定要有自己的真知灼见,体现与众不同的思考分析。

2. 何为一节好课

好课其实很难有固定的标准,但是万变不离其宗,我们评价一位老师的课是不是好课,关键看两个方面。

课堂氛围是否轻松。课堂如果飘满“自由呼吸的空气”，教师会教得轻松，学生也学得轻松！在轻松的课堂，学生不需要如履薄冰，小心翼翼地“揣摩”教师的想法；学生不需要唯师是从，成为人云亦云的“鹦鹉”；学生更像是被放飞的风筝，能在蓝天翱翔但离不开老师的“牵引”。

学生是否视课堂学习为享受。教师与学生双方都以饱满的热情、和谐的交流、愉快的心境来完成“教”与“学”的任务。教师用诗人的情感，唤醒学生沉睡的心灵，点燃学生创造的激情，这样的课堂充满诗意。教师的人格魅力如冬日的暖阳，让学生感受到学习是一种快乐，是一种享受，这样的课堂充满人文的关怀。

能够达到以上两点是我们的教学理想，也是我们想要达到的教学目标：真正从知识学习出发，进而培养塑造学生健全人格。

3. 历练评课

新教师要练习评课，争取参加评课比赛，这对新教师的专业水准会有很大帮助。没有机会参加评课比赛，也没关系，平日听课随时写评课就是很好的历练。教师都有听课任务，也经常有机会听课，那教师就要在平日听课时养成随时评课的习惯。新教师听课时往往忙于记录过程，忽略了评价思考。新教师做好过程记录的同时一定做好评价思考撰写，带着思考听课，能够辨析课堂细节，久而久之，你的教学水平就会在听课评课中成长起来。

【观摩课后的评课】

“三串两线”式数学教学方式

——听《一题多变分数应用题》复习课的思考

这节课以“一题多变”为主要线索，牢牢抓住分数应用题的关键句，从学生熟悉的班级男女生人数入手(将关键句变变说法，数量关系不变)，将分数应用题单元的重点、难点知识重新组装、巧妙结合，让学生经历“巧变关键句——变条件问题——变出相应算式”的学习过程。全课思路清晰且朴实无华，是值得探究的一节有价值的数学课，具体来说我有以下几点体会。

第一，开放的教学理念，清晰的“三串”“两线”。

教师用关键句“男生比女生多1/4”为核心，开启全课。首先教师会变变说法，保持数量关系不变，将一句话变成不同的说法，此为第一串。此串知识将全单元的几种类型——谁比谁多几分之几，谁比谁少几分之几，谁是谁的几分之几，谁与谁的比等概括展示出来。其次教师会变条件和问题，此为第二串。此串知识将题目完整化，一下子将本单元知识核心提出来，在前一串知识的基础上让学生独立思考列式解答，学生会比较自然地进入题目、探索思考并得出答案，还会自然地交流。之后教师会让学生以小组为单位自己选择一个条件添加一个问题，以小组为单位完成列式，此为第三串。此串知识意在巩固前串知识，同时又可以通过让学生自己思考、组内交流和大组交流互相促进，相互启发，共同提高。“两线”为方法线，一为变关键句，添条件加问题的全新思考方式；二为对全册知识高度概括的学习方法暗示。教师虽未直接说出方法是什么，但学生的感悟是深刻的，并会自然地运用到对其他单元的复习当中。全课经教师点拨引导，学生自由展开思考，体现了开放的教学理念，完成分层次的教学任务。开放性的题目给了学生更大的空间，有多大“才”尽多大“能”，有的学生能想出多种方法，有的可能仅想出一两种，但每个学生都能得到最大程度的锻炼，都在积极主动地探索知识，各有所得。

第二，追求省时高效的课堂节奏。

全课没有花架子，教师从一件事入手，排除题目叙述事件不同的干扰，排除读题的干扰，有效地节省了读题审题的时间。一节课完成了20多道题，并及时巩固，变一组练一组，没有废话，没有无用的枝节，环环紧扣，节奏轻快。

第三，教学目标全面实际，内容层层递进，目标步步达成。

从开始用单位“1”分析和用画图理解题意为基础层次，到变化说法搜集已有知识的归纳层次，再到添条件、加问题、用并列式的独立完成层次，以及最后小组合作、大组交流的应用巩固、拓展延伸层次，整个过程层次分明，步步为营，将本单元知识的学习目标实际全面地展示出来，并逐步达成，有梯度，有效果。

但这堂课还存在着不足：(1)核心的应用题分析思想不能丢，这是学生思考问题的依据，更是解决较复杂分数应用题的策略，教师缺乏对它的提炼。比如：可以在第一串结束后板书——先抓“关键句”，第二串结束后板书——再抓“单位1”分析数量关系，最后板书——列式解答。(2)应注意照顾一下成绩时落后学生的发展,体现复习中的查缺补漏。

总之,教师将全单元知识有机整合,进行比较全面的复习,并层层推进,效果明显、学串清晰、省时高效,值得学习。

【随堂听课的评课】

课课有精髓,课课也相通

——听音乐课有感

每次听音乐课,都会感到一种轻松、想跟唱的感觉,这大概就是音乐给人带来的享受吧。今天,听了一节音乐课,学习的是《外婆的澎湖湾》,教师的素质很不错,无论是课堂感觉、组织教学实施,还是个人学科基本功,都给我留下了深刻的印象。我学的不是音乐专业,但是感觉课课有精髓,课课也相通,好的课堂一定会有几个基本要素,即:扎实、朴实和有效。

所谓扎实,就是基本教学目标要落实到位,符合当前课程标准的要求,符合本节教学内容的要求,符合本班学生的特点。学生能够学习掌握一些音乐基本知识和基本技能,同时体会到音乐美。

所谓朴实,就是没有很多的花架子,不是片面的热闹,不是花样繁多的视频图片等媒体充斥课堂。而是一节常态的课堂,是以学生为主体的课堂,是师生共同体验快乐的课堂,更是原汁原味真实的课堂。

所谓有效,就是用最少的资源达到尽可能多的效果,就是课堂教学目标很好地实现,更是学生在原有基础上的知识能力水平不断提高。

作为音乐教师,心中要有目标,把三维目标中情感态度价值观目标放在第一位。教师要首先看课标要求,再看教学内容对号入座,制定自己的教学目标。然后根据目标确定教学的方式方法。即明确自己要干什么?如何干?干到什么程度?新教师刚入职不久,要在以下几个方面认真思考。

一是注重音乐感受。在正确演唱歌曲的基础上,对这首学生比较熟悉的歌曲进行演唱处理,引导学生体会美感,并在演唱中让学生回忆童年的美好时光,感悟亲情。

二是抓好音乐知识。音乐知识是融于教学环节之中的。初听歌曲,教师可

以引导学生思考:(1)歌曲是几几拍的?(2)歌曲分为几个乐段?(3)歌曲的情绪是什么样的?然后教师可以小结:歌曲表达了对澎湖湾的赞美之情,同时也勾起了作者对童年美好时光的怀念。

三是明确课堂模式。新教师刚刚开始课堂教学,心中要有个基本的教学模式,当有一定基础后,再追求课堂的丰富多彩。本课模式就比较经典:感悟歌曲(感悟节奏旋律)——初学理解(初步学习理解歌曲)——学习实践(掌握歌曲,剖析重点难点)——拓展延伸(对歌曲的升华)。

四是掌握科学训练方法。教师应教导学生如何科学地进行发声训练,指导学生唱歌的科学坐姿和站姿,指导学生利用呼吸和气息的方法。同时,教师应指明唱歌要求:身体坐正、笑肌提起、口腔打开。在课堂上,教师应了解有哪些知识点在本节课中需要掌握,了解学生之前的学习情况,同时还要注重在课堂上劳逸结合,不能只教知识缺少情感训练。以上种种仅为我自己的感受。

第五节　会写三篇文章

新教师入职后要写好三篇文章,第一篇是教学反思,第二篇是教育叙事,第三篇是教育案例。新教师如果可以养成写这三篇文章的习惯,将受益终生。

写这三篇文章需要坚持不懈,还应善于捕捉教育教学过程中一瞬间的灵感,把它及时记录下来。我常常突然有一种感觉,特别想做一件事情,或者突然有一种想法,觉得特别靠谱。但是没有及时记录下来,很快就忘记了。待到回忆起来只记得曾经有个想法,具体事情却已经模糊不清,于是就作罢了。细想来,多少发明创造来源于一瞬间的灵感,有时甚至一个小小的启迪就会成就一件大事。

教师要善于抓住一瞬间的灵感,好脑子不如烂笔头,教师要善于记录、善于思考,要经常捕捉教育中的故事,研究它、剖析它,就会收获一个不同的自我。新教师刚开始要勤于记录,可能一开始写得像流水账,但久而久之水平就会水涨船高。

一、教学反思

美国心理学家波斯纳提出了教师成长的公式:教师的成长 = 经验 + 反思。可见教学反思在教师专业成长中的重要作用。

教学反思是指教师对教育教学实践的再认识、再思考,是教师教学之后的经验教训总结。教学反思是提高教师专业水平的重要手段,能够帮助教师从教育实践中反思自己的教学,思考更有效的策略方法,有助于提高教育教学水平。教学反思经常在教师课堂教学之后进行撰写,内容包括课堂中出现的问题、偶发事件、学生的突发奇想、特别成功的地方等。教学反思没有字数限制,可长可短,只要能够表达自己的观点与思考即可。学校为了提升教师的教育教学水平,往往要求教师写教学反思。起初的时候很多教师不重视这个,要检查了才赶紧补写反思,这样就失去了教学反思的真正意义。我们要逼自己写教学反思,养成习惯,带着思考进一步完善自我,提高专业水平。

教学反思的对象多种多样,可以是对一整天教学工作的总体思考;可以是对这一日工作经验的分析记录;可以是对一节课某个环节的思考;可以是听了别人的课堂教学引发自己的思考;还可以是自己教学同一内容的前后对比思考。

教学反思的内容同样没有限制,可以写成功的经验;可以写失败的教训;可以写教学中的突发奇想;也可以写如何再提高水平。教育是最具创意的工作,时代风云变幻,学生千差万别,同一个教学内容,不同的学生有不同的理解,教师的教学策略就要不同,这一切都需要教师不断提高自己的反思能力。

【执教后的教学反思】

执教“式与方程”教学困惑及策略

式与方程教学的第一节课是用字母表示数,之后会开始系统学习解方程的方法,教师往往容易对解方程的方法存在困惑,有的认为用等式性质比较好,有的则认为用数量关系比较好。新的教材和课标要求我们采用等式性质解方程是有一定道理的,需要大家认真体会并积极运用。

一、存在的困惑

我在式与方程教学中感到困惑的是，让学生掌握利用等式性质解方程有难度，我该如何有效引导学生掌握的问题。

对比新旧方法：

原方法利用四则运算各部分间的关系来解方程。

如：加数 = 和 − 另一个加数：

减数 = 被减数 − 差，被减数 = 差 + 减数，

一个因数 = 积 ÷ 另一个因数，

被除数 = 商 × 除数，除数 = 被除数 ÷ 商。

新教材的方法是利用等式的性质解方程，解法可归结为“两边同时加上、减去、乘上、除以同一个数（除法时此数不能为0），等式仍然成立”。

两边同时加上或减去相同的数，左右两边仍然相等；

两边同时乘以或除以相同的数（0 除外），左右两边仍然相等。

由于很多教师更习惯原来的解决方法，因此对于新方法，刚开始接受起来有困难。利用等式性质解方程的操作程序有些麻烦，因此学生掌握起来也有些困难。

二、解决办法

1. 教师首先要改变已有的习惯

在教学过程中，教师要积极接受新方法。教师要对多年的教学习惯进行改变，并改变既定的思维模式，同时积极做一些练习，体会等式性质解题的好处。

2. 设计一些方便等式性质解题的内容

从长远来看，利用等式的基本性质这一知识点，可以有效和中学知识衔接，有利于学生逻辑思维能力的发展。因此，教师可积极设计一些凸显等式性质的题目，生动直观地呈现解方程的原理。（如图 3－4）

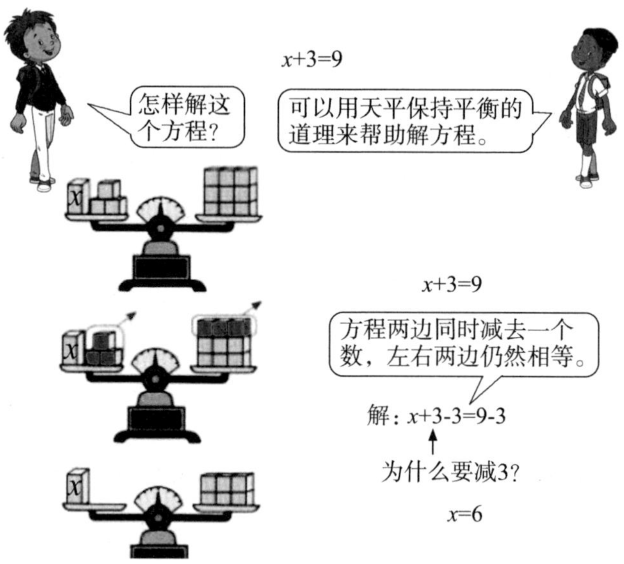

图3－4　用等式的基本性质解方程的原理

3. 教学中要做好预设

教师要积极调整解方程的教学内容,在教学中凸显用等式基本性质解方程的优势。教师可以先不给学生设计障碍,统一学生的解题思路,让学生逐渐熟悉解题方法。学生熟练掌握方法后,一些困惑就自然而然解决了。

二、教育叙事

教育叙事,就是讲教育的故事。它是描写教育中真实发生过的某个教育情境的过程,其实质是通过讲述教育故事,体会教育的真谛,是教育的一种研究方法。它通过教育叙事展开对某一种教育现象的思考和研究,对年轻教师来说是非常值得学习和使用的教育策略。

教育叙事可以启迪教师的智慧,可以让教师从细微处领悟教育的道理,可以让教师借鉴学习。

教育叙事讲述的必须是已经发生的真实事件,会有一个主题,也会以人物和他的所作所思为主要线索,这样可以让读者有身临其境的感觉,能够体现叙事者对教育的思考与总结。教育叙事是记录教师教学生涯和成长历程的重要方式,新教师一定要认真研究,多阅读优秀的教育叙事书籍,从别人身上得到启发,同时自己也要试着写教育叙事,记录下发生在自己身上的教育故事,给自己

积累教育智慧，同时也可以给别人提供借鉴。

三、教育案例

教育案例是真实发生过的有借鉴意义的典型事件，是故事加点评。好的教育案例是一个精彩的事件描述加上针对本事件的思考。教育案例最主要的特点是含有针对发生事件的反思，能体现出教师对事件的理解、分析和观点。

教育案例没有特定的格式，但是要体现几个方面：一是体现案例发生的背景，二是体现案例发生的具体过程，三是要有案例反思。如果说教育叙事重在讲故事，让他人读后体悟道理，那么教育案例与教育叙事的不同在于教育案例具有典型性，重在让读者对案例进行反思。案例反思是非常重要的一个内容，它是针对发生的事件进行的具体分析与思考，体现了教师选择这个事件作为案例的意义和价值。同一个事件，不同教师的分析不同、思考不同，但都是想引起他人共鸣。

在学校里，每一天都会发生很多事情，如果记录下来形成案例，加以认真分析思考，相互之间进行借鉴，可以有效提高教师解决问题的能力。我们经常聆听教授讲座，感叹他们分析的案例，而教授讲的案例大概率发生在我们身边，我们之前看到但没能捕捉下来。这就要求我们要有一双发现问题的眼睛，并及时记录发生在身边的故事，防止再错过发生在自己身边的案例。

教师要想记录身边发生的教育案例，一要勤，二要想。笔头勤，就能及时记录下来；善于想，才可以认真分析案例。仅仅记录问题，问题依然是问题，分析了反思了，问题才可能变成可借鉴的经验。教师还要共享案例反思，共享意味着分享，意味着高效，意味着群策群力。教师往往会遇到很多共性的问题，大家解决问题时会有不同的策略，注重对共性问题不同解决策略的反思交流，许多教育问题会用较少的时间得到有效的解决。养成案例反思的良好习惯并不是一件容易的事情，教师在入职的开始就要有这个意识，把捕捉身边的案例进行分析作为一项重要技能加以修炼。

【管理案例】

由一次考试引发的思考

一、案例背景

教学质量是一个学校的生命线，质量抽测如同一个无形的指挥棒，指挥着各学校的教学工作。在这种形势下，全体教师努力拼搏，取得了优异的成绩。本学期大家更加努力，以全新的姿态，自信地投入复习，期望在质量抽测中再创辉煌。然而本学期的质量抽测成绩却不理想，令人深思。我们在集体行动中忽视了个别指导，可见想要取得好成绩既要"阳光普照"又要重点培育。

二、案例描述

学期末进入了紧张的复习阶段，学校里到处洋溢着一种紧张有序的复习气氛。放学铃响过后，天渐渐黑了，有的教室亮起了灯光，学生还在教室里充满劲头地学习。临近检测的前一周，学校气氛更加紧张，亦更加有序。教导处开始按年级进行模拟检测，一场、两场、三场……已经记不清进行了几场模拟。每一场模拟后，教师们认真阅卷，及时反馈，帮助学生找出不足并及时改进。每一场我们能看到进步，令人欣慰。

从教导主任们急匆匆的脚步中我们看到的是信心和希望。终于，质量检测开始了，孩子们完成之后脸上洋溢着成功的喜悦，似乎在给老师们说放心，会很好的。成绩很快出来了，有的年级成绩优异，有的年级成绩并不太理想。问题出在哪儿？大家不禁陷入深思。

三、案例反思

思前想后，问题可能出现在我们一直都是平均使用力量。其实十个手指不一样齐，对有的教师点到为止即可，而对有的教师要抓落实，对有的教师则要手把手地跟进指导，在"阳光普照"的同时要重点培养。我们要想办法调动教师的积极性，使之会干、能干加巧干，同时我们又要重点指导能力方法欠缺的教师如何教学。着眼将来，着手眼下，我们要把教育当成科学去研究，当成艺术去追求。

1. 营造"气"，创造一个合适的气场。

学校的管理要营造一种"气"，一种浓烈的又极富感染力的"气"。在这种

气场中，每个人都是活跃的一分子。

(1)造正气，举办以教学质量为核心的教育聊天活动。通过聊天，教师分析出了制约学校教学质量的瓶颈问题；通过教学质量诊断，教师了解了本校教学问题所在。同时，学校为每位教师提供学习资料，给愿意主动积极做好工作的人提供便利。

(2)造锐气，让愿意工作的教师有地位。创造平台，打造名师，学校每学期会举办教师精彩回顾展示，给每一位教师建立"教师成长记录袋"。同时，学校会为那些想做好工作的、想成为名师的教师创造一个可发展的平台。除此之外，针对新教师以及新接教材经验不足的教师，学校应采用让教师拜师学艺的方式，结成师徒对子，一帮一，促使他们尽快提高，不断向名师靠近。

2. 指导"法"，解决怎么干的问题。

(1)教学方法训练。以校本培训为依托打造善教之才，也就是培养有创新意识和创新能力、经验丰富的教师，一切创新活动都要由教师来实施。因此，教师要有创新的头脑，有慧眼识才的本领，有敢为人先的勇气，有真才实学。学校应以学科教研组为单位，进行学科知识、教材知识系统培训。

学校每学期会举行一个月的教学开放活动，教师可以根据自己的空余时间、根据自己的需要合理选择听课时间和内容，并及时进行反馈，从而探讨最佳教学方法，以达到最佳教学效果。

(2)辅导能力训练。对成绩较好的学生，教师可在各年级成立"小小文学社""趣味数学小组""英语活动小组"等社团，制定活动制度，定时间、定人员、定内容对他们进行辅导，并定时进行竞赛活动，同时设立一、二、三等奖，以喜报的形式对他们进行表彰。教师要对成绩较差的学生每周进行一次定时辅导，在课堂上也可以进行分层次教学。

3. 重点培养解决个别教师教学质量不高的问题。

对个别教师的指导既要暖其心，又要鼓其志。校领导可以多到课堂上听课，多到班级访问，多指导教学智慧，多总结问题根源，多一些人文关怀。这样，一些问题可能会在萌芽之中被解决，短板也会越来越少，这就是重点培育的效果。

总之，力求让优秀教师有获得成功的喜悦，让暂时落后的教师尽快学会工作方法学校才能真正走入人人以质量求生存的良性循环。

【教育案例】

小树的呻吟

一、案例背景

学生行为习惯的养成不是一蹴而就的，对学生的教育从校园的一草一木都可以体现出来，学生常常因好奇心引起的无意行为，引发不良后果。这是一次学生午饭后在操场开心活动引发的事件。学生发现树上结了一串串的小豆豆，因为好奇心去摘豆豆，最后引发多人拉断树枝的后果。从起初的无心之举引发不良后果后，学生开始躲避责任，从而引发后续的教育故事。

二、案例描述

午饭过后，一群学生开开心心地在操场上玩耍，有的聊天，有的游戏，还有的坐在塑胶跑道上休息。忽然，不知谁对旁边树枝上的小豆豆感了兴趣，伸出手拉下树枝摘了一个，他的举动一下引起其他同学的注意，纷纷有人上来效仿，很快你拥我挤，发生了令人吃惊的一幕——大约五六名学生抓着一个树枝嬉笑着使劲拉拽，树枝终于不能承载拉拽之力，被折断，耷下头来，垂到地面。学生们一看闯了祸，一哄而散。辅导员急忙查证是谁做的，几名诚实的学生低着头站在一边，还有几名藏到人群中。看着他们的表情，此时辅导员的说教并未触动他们，他们的承认错误也只是敷衍了事。其实现在还不是教育的最佳时机，另想对策才是上策，辅导员要求学生回班后先反省自己的过错。辅导员和教师一起认真制定教育方案，达成一致：教育要感人入心，春风化雨才见奇效。

下午上课前，辅导员就在广播里讲了一个故事：一棵小树在校园里快乐地生活，每天看着同学们嬉戏。有一天，一阵风雨刮断了它的树枝，只剩一点树皮连着树枝，它痛苦地呻吟着，盼望着有人能够帮助它。正在这时一群快乐的同学走过，小树多希望他们能够看见它，帮助它包扎一下伤口。可惜同学们没有看见它，走了过去，小树还是满怀希望地盼望着。一群同学在它的附近玩耍，小树想，他们一定能发现并救助我，可是始终没有同学发现它的伤口。终于有一个同学向它走来，小树开心极了。可是这位同学向它伸出手，接触到断枝，猛地

向下拉动树枝，维系生命的树皮一点点断裂，小树痛彻心扉，它呼喊着："救救我吧！"这时，有更多的同学走过来笑着、闹着，拉拽着它的树枝，终于它那最后一点树皮彻底断裂，这只手臂再也没有生还的希望了。小树也有生命，大家要珍爱生命。辅导员讲完了这个感人的故事。学生们静静的没有出声，但看得出来他们内心的复杂。有的眼神中流露着惭愧，有的流露出气愤。

三、案例反思

教育不能只靠强度，教育还需要柔度，它需要点点真情。学生们从电视里、生活中学到很多知识，甚至有的同学随口就能讲出一串串的大道理。假如你问他们小树受伤了怎么办？就是幼儿园的孩子也会大声地告诉你帮助它。但扪心自问，当我们生活中真正遇到此类事情时，又有多少同学实际是这样做的呢？看见地上有废纸时多少人会主动地捡起来？学生往往讲一套做一套，只有形式，没有结果。教育者应随时抓住每一个机会，心中装着每一个学生，教书并且育人。

第四章

拜师学艺

子曰：“三人行,必有我师焉；择其善者而从之，其不善者而改之。”

人生处处有良师，师父领进门，修行在个人。真正的成功源于自身的坚持和不懈努力。

新教师成长的过程中会有很多的师父,具体来说最关键的有两个师父。一个是名师榜样,新教师可以模仿他、学习他的教育思考和实践;另一个就是身边最贴心的师父,可以时时处处帮助新教师成长,手把手带新教师前行。近年来,一批批新生力量融入教师大家庭,学校如获至宝,精心培养,让新教师有一种被包围、被宠爱、被鞭策的感觉。开学初,新教师的师徒结对活动蓬勃开展,形式多样,实效性强。很多学校将新教师的培养期由一年增加到三年,为新教师的成长规划了"一年合格、两年胜任、三年骨干"的发展路径。师徒结对会上,师父激动于学校来了年轻人,徒弟感动于师父们的无微不至。作为新教师,如何在这种关心培养中尽快成长起来,成为年轻有为的优秀教师,关键还要看自己。拜师学艺至关重要,自我成长更是重中之重。新教师要有三勤:勤学、勤思、勤做。

勤学:勤学习,读书、听课、听评课,都是很好的学习,新教师要善于观察周围教师的教学实践,找亮点,从不同教师身上学到长处,特别是工作中遇到困惑时,要主动问身边老师的解决策略,同时还要积极实践,努力在学习中积攒教育教学智慧。

勤思:勤反思,多问为什么。新教师要积极撰写课后反思、教育叙事、随笔等,记录下事件发生的过程和思考。随着时间的推移,这些思考能助新教师更快成长。勤于反思,善于反思,将有效助推新教师自身的发展。

勤做:勤做事,也就是认真实践,实践出真知。新教师要将自己的所思所想用于教学实践中,只有在教育实践中经过检验的好做法才能成为经验。

第一节　拜名家学品质

新教师要给自己选几个教育名家作为学习的榜样,从他们身上汲取营养。本节给大家介绍几位我崇拜的名家,他们是我做教师以来的航标灯和引路人,他们的品质值得我们学习。每位新教师都要给自己确定几个教育名家,不断地向他们学习。

一、执着、坚守和乐于研究的名家品质

执着、坚守和乐于研究，是成功者的三大品质。记得有一次我外出学习，上午参观了数学特级教师孙维刚执教的北京二十二中，我特别崇拜孙维刚老师的敬业和执着。他在二十二中进行过从初一年级至高三年级的大循环实验，用德育促进智育，全面提高学生素质，帮助学生德、智、体等全面发展。他的实验班共进行了四届，取得了令人瞩目的成就，他也被誉为“神奇教师”。孙老师创建了结构教学法，在教学上取得了优异的成绩。孙老师用事实实现了他说的“把不聪明的孩子变聪明起来，让聪明的更加聪明”。

当天下午，我聆听了北京实验二小华应龙副校长的《教育即融错》专题讲座，深切体会了教育大家的反思意识，体会到华老师如何通过一次次的融错过程，化腐朽为神奇，变事故为故事。华老师是位特级教师，他致力于数学教学研究，善于寻找学生错误背后的思维问题，追求“让学习像呼吸一样自然”。一个下午的时间好快，我们陶醉之中，像学生一样享受着，真的也像学生一样不愿意下课。我深切感受到名校长和名教师都具有共同的品质，即执着、坚守和乐于研究。

（一）品质之一是执着

每一个成功者都具有的一个共同潜质就是执着，十年如一日执着做好一件事情，不畏艰难，不畏困惑。他们在激流的冲击中勇立潮头，不动摇自己的教育理想。孙老师、华老师就是其中的佼佼者。他们的执着源于他们对教育事业的无限热爱，源于他们高度的责任感，源于他们无私的奉献。

（二）品质之二是坚守

华老师说“我就是数学”，他的数学著作的书名就是《我就是数学》。这不是眼中无人，狂妄自大，而是表达自己坚守一件事情，表达自己坚守数学的决心和实际行动。正因华老师对数学的坚守精神才让他拥有了这独特的视角：实现“融错”，也就让数学教学中遇到的学生出现的错误，实现自然而然的融化。

（三）品质之三是乐于研究

善于研究思考才能想到别人想不到的地方，而这些地方往往是问题的根源，也是寻求解决问题的最佳策略的根本。

反思自己三十多年来走过的路，我一直热爱自己的工作，在不断的工作调整中，加班加点不怕辛苦地用心工作，努力学习新的业务，不断完成新的任务，每到一处工作都有一定的效果，常常得到大家满意的赞叹声。但是很遗憾，我没有形成经验和取得成果，如今想来最关键的问题是我缺少这些教育家的品质。没有用心思考一件事情，没有潜心研究一件事情，没有不断反思自己，更没有十年如一日坚守自己的教育思考。这一天给我的触动无法用语言来表达。

“从此我不再仰眼看青天，不再低头看白水，只谨慎着我双双的脚步，我要一步步踏在土泥上，打上深深的脚印！”——朱自清

愿有理想的教育者以朱自清的话自勉，从名家身上多学习教育的智慧。

二、学名家名言，用心体会教育精髓

新教师要善于学习教育家的教育精髓，把教育家的教育名言作为自己的座右铭，从中汲取思想、汲取精神力量，勉励自己成长。下面为大家提供一组教育家的教育名言，期望你可以从中受到启发：

●教育就是一棵树摇动一棵树，一朵云推动一朵云，一个灵魂唤醒另一个灵魂。——卡尔·雅斯贝尔斯

●教书是一种很愉快的事业，你越教便会越爱自己的事业。当你看到你教出来的学生一批批地走向生活，为社会做出贡献时，你会多么高兴啊！青出于蓝而胜于蓝，后来居上，这里不也正包含着你的一份辛勤的成绩在里面吗？——徐特立

●要想学生好学，必须先生好学，唯有学而不厌的先生，才能教出学而不厌的学生。——陶行知

●三尺讲台就是我生命闪光的地方，我是用生命在歌唱，因为我觉得每节课都影响到孩子的生命质量。——于漪

●人生的航船驶在生活的海洋之中，风浪是家常便饭。愉快幸福与否，不在于有无风浪，而在于征服风浪能力的强弱。强者幸福、愉快，弱者痛苦、悲哀。——魏书生

●我很愿意做教师工作，当教师很上瘾。不觉得工作是苦差事，反而觉得很幸福，很快乐。看到学生从不会到会，一天天地在成长，我就觉得很幸福。就

像农民一样，种下庄稼，有很好的收获，就会很高兴。这就是我的爱好、我的追求。我心甘情愿这样做，从来没想到要得到什么。而这40年来我却得到了很多荣誉，北京市所有最高荣誉都给了我，总觉得不好意思。其实，这些荣誉并不能让我比改变一个学困生更加发自内心地高兴。——马芯兰

●你今后若有志于当老师，请你记住古人的这两句话："学高为师，身正为范。"虽然此话只有八个字，但它把怎样当一个好老师讲全了。若干年后，当你把这两句话读"厚"了，读成一本书了，你就是个很优秀的老师了。——于永正

新教师要选择一则或几则教育名言，熟记于心，引领自己行动。

三、从名家的教育行动中品悟教育智慧

从教以来，学习领悟了众多教育名家的教育智慧，我感受最深的有三位，分别是于漪、魏书生和马芯兰，大家共同感受一下这些教育名家的教育行为，以及对教育人的影响力。

(一)用生命做教育的"人民教育家"于漪

于漪老师是大国良师的典范。她始终站在国家的角度做教育，把培养合格的现代公民放在首位，她处处做坚持国家意识、文化认同、理想信念的教育，带出了一批批优秀的教师。她的课几乎堂堂都是公开课，她提出的关于语文学科"工具性与人文性统一"等理念被写入国家课程标准，她提出的"教文育人"和倡导的"弘扬人文"的主张，在语文教育思想发展史上产生了重要影响。进入21世纪，她还提出语文学科要"德智融合"，即要充分挖掘学科内在的育人价值。她站在人才培养的高度、国家的高度、国家民族未来的高度思考教育，90岁高龄依然奋斗在教育战线上。听于漪老师一席话，往往会被她深厚的学识基础、教育的责任感触及心灵，她说"站上讲台就是在用生命在歌唱"，她用生命诠释自己的教育信念。我听过于老师一次关于教师节的演讲，深深被打动，醍醐灌顶，荡涤心灵，深深的教育责任感和职业神圣感涌上我的心头。新教师们一定要听听于漪老师的演讲，会受益终生。

(二)教育传奇，质量第一，有管理艺术的魏书生

提起魏书生，教育界无人不知、无人不晓，他就是教育界的传奇。他一年中大多数时间在外讲学，单位的本职工作却依然井井有条。他一个人身兼多个角

色，教育局局长、学校校长、语文班主任，他的管理规范有序，班里的学生成绩名列前茅。魏书生的讲座轻松诙谐，蕴含哲理，他的“松、静、匀、乐”精神，体现了人与自然的和谐，更强调教育要以做人为先。魏书生的课堂教学会用一节课融通一类课，他教给学生的不仅是知识，更是掌握知识的本领。

读魏书生的书，我们要用心领悟魏书生的教育实践行动，给自己启迪，学好一招一式，就可受益终生。很多优秀教师都特别喜欢读魏书生的书，他们觉得他的书百看不厌，每读一遍都有不同的收获。魏书生的“定向—自学—讨论—答疑—自测—自结”六步教学法，简单实用，但简单中蕴含着不简单的道理，蕴含着持之以恒、千万次反复中的升华，教育其实理应如此。

（三）创造教学方法改革奇迹的马芯兰

马芯兰是教学改革的实干家，几十年如一日从教材体系入手改革教学方法。马芯兰的“123 奇迹”是指马芯兰老师的“一个教学法实验，成就两所朝阳区名校，做到三个从来没有”。

一个教学法实验：主要是教材改革实验。其中最典型的：“把现行小学数学教材中的重点、难点、共同点和不同点按照知识的内在联系及规律进行组合，将540 多个概念归纳成十几个一般基本概念和‘和、差、倍、分’四个重点基本概念，将十一类应用题总结成四个基本类型，组合成教学的中心环节，从纵和横两个方面重新调整，并组合成新的知识结构。”这个研究实践一定会是个艰难的过程，一旦形成，会使成千上万的教师受益。

成就了两所名校：就是造就北京市朝阳区实验小学和朝阳区星河实验小学两所名校。

三个从来没有：国家总督学顾问陶西平赞叹，一个教学法被实验这么长时间从来没有，推广面这么广从来没有，领导这么大力度推广从来没有。“马芯兰教学法”在教育界有深远的影响力。

马芯兰的研究是在扎扎实实的教学实践中一点点积累起来，教材体系的研究更是容不得半点马虎，需要长期潜心课堂教学实践，用心揣摩，体现对教材的理解深入、对教材体系的驾轻就熟，这种几十年如一日研究教材的精神，是我们每个教师学习的榜样。

三、向身边特级教师学精神

我们不仅要学习他们的教育教学经验，更要学习他们如何在艰辛中蜕变，坚守教育本真的精神。

一次，区里举行“与特级教师面对面”的新教师培训，4名区特级教师做客并讲座。所请的4人均是教学一线的优秀代表。他们有的在管理班级上有独到之处，负责的班级秩序井然、管理有序，无论他所接手的班级现状如何，接手之后，班级会在较短的时间很快有大的改观；他们有的善于小组合作研究，经过多年的潜心思考，有了自己独到的做法，所教班级的学生乐于学习、善于学习，成绩优异，令人佩服；他们有的刻苦努力，不断奋斗，不懈追求，不仅自身成长迅速，所指导的青年教师的教学能力和业务水平也迅速提高；他们有的坚持多年如一日抓教育的内在品质，坚持寻找教育的内在规律，努力做教育的坚定实践者，是学科教学的佼佼者，更是学科前沿的优秀代表。

整整半天的时间，他们讲述了自己的实践事例和思考。有的教师虽然是第一次在区域范围做讲座，但是他们认真准备，分享自己的经验，力求能够给新教师以借鉴。

我在观众席中静静听，细心品味，深刻感受到他们准备的辛苦和用心，感受到他们工作的艰辛和快乐。我想他们一定有过很多的艰辛历程，也有过困惑，但是正是他们的坚持，正是他们多年如一日对工作的热爱和付出，才让他们有所成就，才让他们在用心和坚持中逐步蜕变。

我不由想起自己曾经的艰苦经历。我工作的第一所学校是一所具有深厚底蕴的百年老校，常常有参观考察团来校学习，多的时候每周都有。经常有一层楼所有班级的课堂要全部开放，我常常需要为来学习的人员提供公开课。记不清多少次是头一天接到任务，第二天就要上课。时间不够用，我就晚上加班备课、做教具。当时教具还是很复杂的需要手工制作的投影片，为不打扰家人休息，我常常拿把小凳子坐在门厅，备课资料摆满茶几、沙发，地上摆了一大堆教具，困了喝杯浓茶，再不行喝杯咖啡。我整整一夜都在想思路、做教具，模拟上课情景……等到完全备好思路，做好相应的教具，常常天已经蒙蒙亮。我用凉水洗把脸，再喝杯咖啡，匆匆吃过早饭，再赶到教室赶快熟悉一下教学思路框

架，迎接学生到来，真的很辛苦。我常常讲完课一下子如释重负，当然这时候精神头就没有了，不断打哈欠流眼泪，真是一种痛苦的折磨，等到晚上补上一觉，别提有多幸福。只有经历之后我才真正感到，正是这种磨砺，才促使我的教学水平有了质的飞跃，促使我在痛苦中不断蜕变。

我想，这些特级教师，他们工作也一定很辛苦，但是艰辛之后的收获就是满满的幸福。他们之所以成长起来，主要源于主动积极的研究、对职业的热爱、对学生的责任。正是这种主动性使他们对工作有积极的态度，能够不断努力奋斗。

“人的教养不能靠别人传授，人必须进行自我修养，一切苦修也绝不是文化修养，教育是通过人的主动性来实现的，教育牢牢地钉在主动性上。”这是费希特的名言。

因此，新教师不仅要有主动性，还要有主动的能力。新教师要从身边的优秀教师身上寻找经验，充实自己，在实践中历练品质，在学习中吸纳智慧。相信从特级教师身上，新教师会找到自己需要的东西，获得启迪。

第二节 研究 提炼 应用

——与身边的特级教师面对面

一些名家离我们较远，听一次讲座，看一次他们的著作，就是一次隔空学习的过程。其实在我们身边也有一些优秀的特级教师，他们和我们一起在平凡的岗位上日复一日地耕耘、学习和研究，他们也是我们最好的学习资源。

有一天，区里举行新教师培训会，此时的新教师入职已经7个多月，岗前培训似乎就在昨天，时间飞逝令人感慨光阴不等人。这天我们再一次集中小学、幼儿园的新教师，举行新教师与特级教师面对面培训活动。这是一次跨领域、拓思维的培训。各学科新教师参加小学数学特级教师讲座，并听了特级教师的一节小学语文课和一节小学英语课，让新教师体会不同层面的教师经验，意在让每个新教师拓展思路，既要思考当下教学的需要，更要为孩子未来一生思考。同时引导新教师打破学科界限，打破学段界限去体会，让新教师有不一样的收获。整整一下午,连我都深有感触。

1. 优秀就在身边

我们区有自己的区特级教师资源,还有一批成长起来的名师骨干,更有不少后起之秀。发挥区域优秀资源的作用,既可练兵又可起到传帮带作用。

2. 研究才有提高

从讲座中可以看出善于研究的教师才是真正优秀的教师。教师要研究教材,研究学生,研究教法。

3. 提炼才有经验

要善于提炼自己的思考,提炼自己的经验,不断和他人分享自己的经验,从中不断完善,使自己更加成熟。

4. 应用才有收获

能在实践中应用的经验才是真正的经验,实践是检验经验是否成功的标准。

区域搭建学习的平台,让大家在同一起跑线开始自己的教育路程,短短的一个阶段下来新教师们就表现出各自的优势。不少新教师精心研究教材,潜心学习,跟着师父历练自我,飞速成长起来,崭露头角。素质重要,态度更重要,每次作业、每项活动都在考验新教师的态度和毅力,都在展示新教师的学习成效。路遥知马力,新教师一点点积累,一定会有未来的马到成功。

第三节　拜师父学教学

新教师刚入职往往经验不足,即使入职之前有过教学实践,真正独立承担教学任务时也常常手足无措,需要一个学习和磨炼的过程。最关键有三个字:学、做、悟,即学经验、做实践、悟方法。

教师的最佳学习期是刚开始工作精力旺盛的这几年,这个阶段是教育教学的“童子功”训练期,这时候如果能有个经验丰富的“老”教师在身边随时随地指点一下,是一件幸事。师父可以帮助新教师少走很多弯路,如果新教师能主动积极反思,几年内就会迅速成长起来。当下很多学校实施师徒结对、青蓝工

程等新教师培养机制，学校常常会为新教师精心安排一个或几个固定的教学水平高的师父，专门负责指导帮助新教师。不少师父在此期间全情投入徒弟的成长，带出优秀的弟子，成为徒弟一生的引路人。子曰，“三人行，必有我师焉”，其实人人都可为人师，学校每位教师都有自己的独到之处，新教师还要善于从身边的教师身上学习，做到能够取长补短、博采众长。新教师抓住身边的优秀资源，用心体会，就会受益终身。

一、跟师父学上课

最直接的学习方法是听课。新教师要预先备好课，在对教材初步理解的基础上，听师父上课，看师父如何实战，再借鉴师父的方式自己模拟上课，很多教师经常听一节、上一节。有时候同一个问题师父在课堂上处理得行云流水，可到自己操作时却做不到，常常感觉一节课的时间不够用，课堂节奏跟不上，这就是教学水平与智慧的差异。模仿外显的形式很重要，但是内化思考形成自己的教学方式更重要，新教师要多想想师父为什么这样处理，学生有问题的时候师父如何应对等。可以说听课是提高教学水平最直接最有效，也是最常用的策略。新教师有机会要多听课，听师父的课，听特级教师、名家的课。听课的时候，新教师可以把同一内容对比着听，看看不同的人对同一个内容是如何处理的，并对比各自的教学效果。

二、看师父管学生

学生在课堂上的表现直接决定一节课的教学质量和效果，如何在课堂上组织学生有效听课可是大有学问。很多优秀教师上课一开始用三言两语、几个动作，学生就迅速安静下来，集中精力进入学习状态。不少新教师课上看着学生注意力分散、交头接耳，常常感到手足无措，有时候甚至急得大叫。管理学生也是一种能力，有不少窍门，只要你能用心体会，去实践尝试，就能悟出其中的策略。

课上管理学生也是大有学问。有经验的教师到教室一站，常常不怒自威，一个眼神、一个动作，学生可以迅速领会。教师说话声音不大，但字字入耳，对学生有奇效。有的教师缺乏管理经验，在学生违反纪律时常常大声喊叫，甚至走廊外都能听到喊叫声，但一个人的声音根本压不住几十个学生的声音，对学

生的"震摄"收效甚微,这就是管理的水平不同。

管理学生可是一门很深的学问。方式上,有对学生思想道德、学习品质和做人做事的训练引导;有课堂初始训练学生迅速集中精力;有课堂中随时调动学生积极主动性;有突发事件的应急处理;还有学生独立作业期间的因材辅导;更有对学习暂时落后学生的针对性帮扶等。管理学生,其实核心就是让学生最大程度地参与学习,提高学习效率,促进学成成绩提升,学好本领,成为有用的人才。我们要善于观察师父是如何管理学生的,记下每个瞬间,把学生可能发生的问题记下来,并对应找出应对策略,这可以从师父日常管理的做法中学习,也可以从书本中学习,再到自己的实践中检验学习应用的成效。只有知行合一,才能方得始终。

三、听师父评课堂

师徒结对中一个重要的策略是师父听徒弟上课并进行评课。新教师要敢于邀请别人听自己的课,特别是让师父经常听自己的课,而且新教师课后要主动找师父给自己评课。当局者迷,旁观者清,有经验的教师看问题更能看出本质。因此多听他人评自己的课,认真记录提出的问题和建议,反思自己的改进办法,会收获很大。

每个新教师都曾经历师徒携手的成长过程,在这个过程中,自身的努力是加速器,决定你前行的速度和高度。向师父学习很重要,自己努力更重要。

第四节　我的师父

——难忘师父的引领

不知不觉间我已工作三十多年,回想工作经历,曾经有很多师父引领过自己,自己也曾作为师父引领过很多新教师。

我的第一个师父,课堂表现灵动而精彩。记得刚上班的时候,我的师父是一个已经有身孕的数学教师,她经验丰富,我们一人负责一个班。很快师父就要休产假,那时候我就要教两个班级。当时我有足够的时间听她的课,每天都

是听一节上一节。第一个师父的特点是只要上课就特精神，那气势、那状态，那叫一个全情投入，我感觉她完全忘记自己是个准妈妈。特别是上公开课的时候，听课的人越多她就发挥得越超常，越是放得开，着实让我佩服好一阵。从她身上我学到大胆和自信。

不久后我又拜了新的师父，是一名50多岁的优秀老教师。我的第二位师父，工作严谨、要求严格。在她带的班级，学生的作业本干净、整齐，本子角平平整整，学生一个个数字写得干净漂亮。她的备课本不允许有一个错字、一处涂抹，一旦写错，她就重新再写。从她身上我学到了严谨和规范，学会了如何培养低年级学生的良好学习习惯。

当时我所在的学校优秀教师很多，有特级教师、教学能手，年轻教师很少。优秀教师各有特色、各具风格，只要你想学，就能找到师父。于是我主动要求听特级教师的课，跟着班主任学管理，跟着年级组长学习如何与学生谈心，不知不觉间我就有了众多师父……

第五节　我做“师父”

——手把手带徒弟

上班一段时间，我在大家的帮助下渐渐成长起来，具有了当师父的资格。有新教师时我们常常被分到一个年级中，虽然很多徒弟没有正式来拜师，不知道算不算师徒，但我会手把手地带，毫无保留地教，我看到年轻教师的成长比自己成功都高兴，我想这也许也算是做师父吧。

当时，上课用的是投影仪，需要做幻灯片。公开课的教具主要就是幻灯片，相当于现在的课件，裁塑料玻璃纸片、画底稿、涂色、装片，复杂的幻灯片一做就是几个小时。那时区里经常举行幻灯片制作评比，我经常获得一等奖，为此我经常为全校教师演示怎样设计制作幻灯片。有一年，教新的年级，我们数学组三个人，老的比我大十几岁，小的刚上班不久，做幻灯片的任务都落在了我头上。我将五、六年级数学教材的主要内容，全部做成了幻灯片，满满的一箱子，我自然就成了总指挥。我们三人利用教研活动时间研究制作幻灯片。我们根据教材设计三个内容，大家研究怎样做，怎么演示，然后一起画底稿，我先涂色，其余两人跟着我学涂色，做纸框，装片，试用效果。后来我们一起参加比赛，都获奖了，大家非常高兴。

我在教导处的几年中，每逢年轻教师讲公开课，我就带着他们一句一句研究，一个动作一个手势推敲。我有时到台前示范，有时在下面做学生专门提一些刁钻的问题，常常教学楼上只剩我们几人还在挑灯研究。看到同事们一个个获得全国、省、市评优课一等奖，我作为“师父”特别激动，想想挺有成就感的。

后来我调动去了另一所学校，起初的时候，教师不愿参加区里评优课活动，原因是学片第一级选拔常常冲不出去，都觉得白费力气，信心严重不足。可实际上老师们的素质都很好，只是经验不足，缺少师父的引领。于是我就鼓励大家，只要努力一定行，问大家谁愿意和我一起尝试一下，经过思想工作，有位老师参与了比赛。我们一起研究教材，努力把教材吃透，利用周末两天加班进行赛前磨课，站在讲台前演练，把教案设计搞懂练熟了，结果评优课获得区里一等奖。同样一个人，前后结果不一样，其实原因很简单，前面失败是因为你下的功夫不如人家多，现在成功了，不只是因为有师父带，主要是因为你比别人更下功夫。

现在的新教师素质真的不错，发展天地更加广阔，机会更多，不断努力定会有更多的收获。新教师刚开始上路，苦一点、累一点，收获就多一点。渐渐成熟、成长，渐渐优秀，渐渐变得轻松自如，艰苦之后自然会有成功。

第六节　人生处处皆良师

我曾有幸参加了北京以《沉淀的辉煌》为题的特级教师展示课和讲座。我是被他们的名气吸引去的。我欣赏李烈的处变不惊，欣赏吴正宪的洒脱豪放，欣赏刘德武老爷爷般的亲切，这就是大家风范。他们是我们学习的榜样。

只有读懂他们，才会体会教学真谛。虽牺牲了周末，但紧张的两天真的很值。细细回味每一节课，回顾每个人，我深深体会到了“沉淀与辉煌”的真正含义。

陈年老酒更香醇，沉淀智慧更辉煌。做起课来行云流水是他们的共同特点，无论导课还是探究都是那样自然巧妙，耐人寻味。华应龙的《圆的认识》，导

入真是巧妙极了——探宝，宝物在离小明左脚3米的地方，画出它可能的地方。学生开始想到一个点，或左或右或上或下，点点相连真的就成了一个圆。我怎么就没想到呢？课堂接近尾声时，圆的认识水到渠成，老师又话锋一转，宝物还可能在什么地方？当时我很纳闷，还会在哪儿？学生们也是一脸茫然。这时教师适时点拨："可不可能在树枝上面？"真是令人一下子恍然大悟，学生继续思考："可能在地下土里3米处，可能在……"教师在空中做着动作，随即课件出示球体，为后面"球体"的学习埋下伏笔。我怎么就没想到呢？实在是太巧妙了，真是令人佩服。

书山有路勤为径，教海无崖德作舟。特级教师之所以是特级教师，不只是因为他们的学识渊博，更重要的是他们的做人方式，是他们对学生的无私关爱。他们不只教书，还教做人。师者肩负着育人的重任，教师以德为先，才能更好地以身作则，否则将会误人子弟。

第七节　感恩良师

——成长、艰辛与快乐同在

人生中总会遇到各种人。有的人诚心帮助你，是你的贵人；有的人经常鞭策你，成为你的引领者；有的人常常给你创造困难，能够锻炼你的忍耐与坚毅。我的教育工作之路有艰苦的努力，也伴着快乐与幸福。细细品来，心中充满感恩。一路走来，我感恩那些给过我帮助的恩师们，感恩曾经无数次鞭策我的领导们，感恩与我共同经历艰辛的同事们，感恩无私给我帮助的父母……做教师三十多年了，仿佛过去的一切还历历在目。一路走来充满艰辛也充满快乐，感恩之人数不胜数。

感恩之一——刚上班时的王书记。可以说是在她的"逼迫"下，我迅速地成长起来。记得刚上班的时候，王书记整整在我班蹲了一周，看我怎样上课、怎样管理学生。在她看来，我好像这也不行、那也不好，总有一身挑不完的毛病。经常在晚上要我帮她抄写稿件，一抄就是20多页，从中我学到了不少教育理论。当时，就连我的粉笔字也遭到批评，我一气之下，发愤练字，每天中午写一个小

时的毛笔字，坚持了整整一年，字居然有了很大的改观。回想起来，王书记对我真是用心良苦，这就是艰辛后的幸福。

感恩之二——教研员苏老师。在王书记蹲点结束后不久，教研员苏老师就经常光顾我的课堂，我已记不清她听了我多少节课。之后苏老师让我在全区上了一节公开课。当时的场面我至今记忆犹新，当时有好多人听课，一直挤到讲台前，苏老师怕我紧张就一直坐在我的跟前，用鼓励的眼光看着我，一下课就急忙说没看出紧张来。其实我当时真的不紧张，大概是初生牛犊不怕虎，上砸了也不怕丢人。在以后的几次关键当口，都有苏老师一双手牵着我，回想起来让我感到幸福和温暖。

感恩之三——一位知音大姐。人生没有一帆风顺，我好像总是在艰苦的拼搏中经历每一天。多少次跌倒就有多少次爬起来，每次烦闷之时我第一个想到的总是她。高兴的事给她说说，烦恼的事还要给她说说，都能得到她的关怀帮助，都能得到她的开导。我有几次打退堂鼓时是她及时开导，业务上、生活上，都有她的关心，真的好幸福。

感恩之四——病中的关怀。那是有次寒假以后，开学了，我总是发着低烧，连续一个多月没有好转，四肢无力，下班后回家上楼都很困难。终于熬不住了住进了医院，这是我人生第一次住院，当医生告知无法治愈，只能长期用药控制时，我的心情真是糟透了。住院期间老妈最着急，朋友们轮番开导我，老公也累瘦了十几斤。我最好的朋友同时也是工作的战友，几乎每天去看望，和我聊天，在大家帮助下我终于走出了阴霾，心情开朗了。既来之则安之，没有过不了的火焰山，我不再着急，好好珍惜每一天。

感恩之五——我的新单位。在这里我看到了敬业的团队，还看到了教师们的朝气蓬勃，看到了教师们巨大的潜能。在这里我学到了书上看不到的东西，同时也得到全面的锻炼，心态发生了巨大的变化，这是我在此四年最大的收获，让我在磨炼中心境更加释然。心境的改变使我眼界更加开阔，我真正学会了心境平和，学会了换种角度想问题。没想到艰辛之后竟然如此美好。

人的一生中有许多人是你需要感恩的。怀揣感恩之心，你感恩别人，别人感恩你，我们相互帮助，相互鼓励，抛去烦恼，忘记忧愁，生活的艰辛就会伴着幸福和快乐，成长的烦恼会变成幸福。

第五章

磨炼课堂

十年工夫无人问，一招出山人称奇！

宝剑锋从磨砺出，梅花香自苦寒来！

青春是人生最美的，用奋斗书写你的青春，方可不负韶华！

磨课，是集中大家的智慧反复打磨一节课的过程，需要经过多次试讲、研讨、修改，再试讲、再研讨、再修改……这是一节课的教学实践过程经过反复修改完善，实现最优化的过程。磨课重在“磨”字，每个环节、每个细节，逐字逐句地斟酌，需要集中大家的智慧和经验，努力去粗取精、去伪存真。每一次磨课，是教师的一次大的成长和历练，有的教师在磨课中甚至要经历几十遍的试讲，令自己刻骨铭心。我曾见到一个参加全国优质课评选的教师，在正式参赛之前足足试讲了40多遍，从起初的磕磕绊绊，到最后在大赛会场轻松自如。一遍一遍磨课，能让教师课堂上信心十足，行云流水。

磨课对教师专业成长起到很大的助推作用，被学校和广大教师所认可，成为提高教师教学水平的重要手段，在培养不同层次的教师中均有重要作用，在新教师成长中更是举足轻重。磨课磨细节，一句无心的话、一个被忽略的眼神、一个不经意的行为、一种惯常的态度……课堂教学中那些微不足道的细末之处，往往反映着教师的教学水平，折射着教师的教学思想，表达着教师的教学风格，体现着一位教师的实力和功力。细节决定教学成败，细节决定课堂效率。磨课从每个细节入手，是提升教师智慧的必由之路。看看实践中的磨课活动，你一定会从中受到启发。

第一节　小荷磨出尖尖角 为有智慧落上头

——记一次区域新教师磨课活动

新教师是区域教师队伍的源头活水，要让这些源头活水保持清澈，并不断以奔流不息的状态，坚守着纯洁的教育初心和育人精神，勇敢地、无畏地涌入教育大河之中，与大河之水共同奔涌向前。

三月是新教师磨课月，根据教师进修学校的任务部署，各学科教研员开始具体实施针对新教师课堂教学的专业引领磨课活动。

每个学科选出一两名新教师作为磨课对象，同一节课要经过两轮打磨，每一个学科的全体新教师要在教研员的引领指导下共同参与磨课全过程，体会一节好课的形成。

各学科教研员们精心设计的磨课活动环节，体现了教研员的智慧和用心，新教师的投入和好学是磨课的动力源泉。每年的新教师磨课都有新的变化、新的思考。

小学美术学科磨课活动，采用骨干教师和新教师各上一节课的方法，先是新教师上课，而后是骨干教师上课，新教师的青涩、名师的自如在对比中一览无余。然后，大家针对新教师的课提出亮点和不足，人人参与评课，最后由教研员进行细致点评。两名教师的对比是一种无声的语言，让新教师从名师的课堂中看到精心设计，看到如何在课上处理问题不留痕迹，也让我们看到新教师的认真和用心，参加者都受益匪浅。

初中物理学科新教师磨课活动请来了诸多前辈。本学科区级名师都来参加了新教师的听课、评课活动，名师及同学科骨干教师畅谈自己的观点，不同的学情分析、不同的学法思考相互碰撞。

初中地理学科的磨课，发挥学科特色，采用了众多的图例。教师精心设计课件，用大量的地图展示复杂的自然环境，各种代表风的箭头纵横其中，条形统计图、折线统计图诠释着水位和温度变化。学生课上很投入，或抬头听，或低头写，或用笔画，或举手回答老师的问题。两位名师不同角度的评课让新教师受到很大启发，教研员更是针对一些要害处恰当点拨，让参与活动的新教师们学到很多。

初中语文学科的新教师磨课活动，展示了喜人的语文团队力量，新教师的师父和区级名师全部参与了磨课活动。两名新教师同课异构，课后上课教师谈感受，听课教师评课，师父谈徒弟备课过程的进步与变化，区级名师再进行点评，很好地体现了名师、师父和新教师三位一体的培养模式。相信新教师下一轮再上本节课一定会有更大的提高。

初中生物学科的新教师磨课活动是针对一节复习课，进行两轮磨课。经过了第一轮磨课之后，第二轮时大家对比了第一轮磨课情况和本次课的提升改进情况，并进行了细致评价，新教师们看到第二轮课堂教学效果的提升后特别感动，一个个投入地学习取经。教研员更是从复习课的策略、复习课的效果和如何有效落实等方面提出改进办法，站在复习课建构模式的基础上用这一节课例为新教师打开一扇窗。

从新教师磨课活动中，能看出教研员们的精心设计，看出新教师的用心学习，更能看到集体智慧的结晶，看到合作中的共赢。立足课堂，紧扣细节的磨课活动，为新教师的课堂实施增添了智慧。

第二节　磨多一尺　则课高一丈

磨课就是针对课例的研究活动，反复就一节课例的教学策略进行研究与思考，在反复打磨中，让课堂智慧与实践水平逐渐提高。随着磨课不断深入，教师上课的水平也是不断提高。

一、课例研究对教师专业发展的作用

工作以来，我参加的磨课活动很多，每次磨课都有很大的收获。因此，课例研究体现了实践出真知的道理。

从参与形式上，有自己作为上课者的磨课，有帮助他人研究的课例研磨；从内容上，有研讨课课例研究，有评优课课例研究，有同课异构课例研究。每一次磨课都能集中大家智慧，课例研究对专业发展起到了很好的促进作用。

研究自己上的课，要吸纳大家的智慧，去实践大家共同的思考；为他人研究打磨课例，是在提前思考教案的过程中，促使自己根据执教教师的特点、班级不同学情设计教案，这能提高自己把握教师水平和学生情况的能力。

●课例研究让教师对教材有了更深入的理解。每一次备课都对照课标将教学参考品读一遍，将教材每个环节的编写意图进一步思考一遍，真正让我们领会更多。

●课例研究让教师对学生可能出现的众多预设问题得到实践，寻找到多种应对策略。磨课期间，我们一遍遍地进行课例研磨，到不同的班级、不同的学校试讲，面对不同的学生，每次都有新的状况，但是这些不同状况的出现让我们看到学生的不同思维方式，也更加了解了课堂问题的关键点，明确了有效的解决策略。每次试讲，大家都认真记录每一个问题，特别是新产生的问题，再有针对性地寻找解决的策略。

●课例研究使教师明白了一节优质课形成的几个关键点。理念引领，这是方向；明确目标，这是主要研究点；找到最佳策略，这是促使学生知识生成的有效方法。

二、对课例研究有哪些理解和思考

课例研究是教师教学成长的必经之路。课例研究就是研磨课例的过程，每一次磨课，都可以让教师对课例的理解更深一步。年轻教师更应该经历这个课例研究的过程，经过几轮课例打磨，体会一节好课的形成过程。立足课堂、紧扣课堂的课例研究打磨活动，为我们每位教师打造有效课堂提供了策略。大家在课例的反复打磨过程中，不断提升自己，真正实现磨多一尺，课高一丈。

第三节　磨课，争论质疑出智慧

一起看看我校数学组的一次磨课活动，一起体验一下磨课的感受吧。磨课之前，数学组先布置任务，进行初步分工，并留下问题，要求大家先思考，再到磨课中各抒己见。大家带着对问题的思考参加磨课活动，一起交流碰撞，就本节课的研究方向、研究策略，彼此坦陈自己的看法，受益匪浅。

一、争论，磨课会的精彩

刚开始，大家只是发表自己的观点，其他人作为听众静静听，渐渐地，气氛热烈起来，大家都积极参与，热闹的争论开始了。

“你这里是什么意思？”

“这样不行，学生又要重新算一遍，多耽误上课宝贵的时间！”

“这里怎样展示给学生才有效果？”

……

二、剖析，磨课会的精髓

围绕大家提出的质疑，我们认真地逐一分析——剖析哪些环节是有效的，

哪些作用不大，哪些可以舍去，哪些不仅要保留还要花大力气来研究。有的老师边讲边画图诠释自己的观点，有的把找的资料拼到一起横向比较谈看法……渐渐地，大家的观点趋于一致，争论变成了共同的研究。

三、策略，磨课会的目的

无论大家提出怎样的问题，我们的最终目的却是要寻找一种相对合理的解决策略。当意见统一后，我们开始一个问题、一个步骤地梳理教学环节，并对每个环节进行再次分工，明确大家各自的职责，要求大家进一步思考。最后，由一位教师作为代表将大家的观点统一，进行较为全面的总结，大家一起听着，随时针对每一处注意事项进行补充完善。这次磨课会拉开了课堂教学研究的序幕，找准了我们的定位和前进的方向，为后续的教师试讲储备了能量。

再次共同打造一节智慧的优质课是我们大家的期待。

第四节　跨校研修组的磨课行动

有一年，区域全员教师参加了“国培计划”，同学科每 15 人编成一个研修组，4 个研修组配一个指导教师。很多学科都是跨校成组，我参加的研修组是城区和农村学校教师混编，涉及四所学校。大家通过前期网上学习如何磨课，开启了以研修团队为单位的磨课研修之路。两个多月的时间不长，也不短，在研修即将画上句号时，回顾研修整个过程，可以说是艰辛的，也是美丽的，我们有收获，也有遗憾。“十年工夫无人问，一朝出山人称奇”，教师研修这件事，短期内往往看不见效果，但扎实的研修将会随着时间的推移，焕发出巨大的生命力。

在这个过程中，我们共同体会着在纷杂的工作之余独立探究、在教研之中整合推进的历程。大家不管步子快慢，在走；不管力气大小，在练；不管能力高低，在干。最终我们研修组的成果，使一位年轻的农村教师成长起来，一节集大家智慧的优秀课例诞生了。

一、明确目标，做好定位

我们研修组首先确定了三大目标：①精心磨出一节好课，有效把前面的信息化技术手段和后面的课例研究有机结合起来。②边磨课边诊断,集中大家智慧,思考课题如何和学生生活实际有机结合,通过课堂发现问题,并研讨解决的策略。③为今后学校研修组用好磨课策略提供路径和方法。

二、做好计划,明确思路

努力做好磨课前的计划拟定工作,按研究需要设计磨课计划。

1. 磨课前——研修组的组长根据需要做磨课需求研究

组长针对本组学员情况进行分工,针对学校培养需求确定执教教师,针对教师特点确定磨课课例内容和磨课主题。之后,大家认真制定磨课计划,小组成员对磨课计划提出各自的合理建议,最后由组长修改完善。磨课计划成为我们研修组的行动指南。

2. 磨课中——我们发现问题及时调整

计划仅仅是一种预设,真正推进时,我们发现最初的计划设计过于密集,不利于研究思考,没有留给大家足够的时间观察课例、思考改进,于是我们建议增加研究时间、提升研究权重,并由此改进了磨课计划。磨课中,研修组成员积极参与,发表自己的建议,先后进行了三轮针对课例试讲的打磨,并进行多次交流研讨,人人参与。

3. 磨课后——大家积极交流反思

每次磨课活动之后,我们都进行研讨反思,每个参与者针对课例发表自己的意见和建议,集思广益,共同提高。

三、细细研磨,寻求质变

反复磨炼一节课之后,不仅让我们看到教师的提高和教学设计的成熟,更让我们看到团队的智慧和力量。研修组通过磨课,集体实现了量变到质变。

1. 集大家智慧,教学设计不断完善

从第一遍教案设计课上教师完全是主体,到最后课堂上教师主导、学生成为主体并积极参与学习中去自主探究知识,可见无论教师还是学生,都有了质的改变。

2. 通过研磨,充分体现学生主体地位

不同的班级,不同的学生,带来不同的冲击和磨合。从起初教师讲得多、学生探究少,到后来教师主导点拨,学生小组合作探究、层层推进、抽丝剥茧、得出结论,执教教师也从中受益,经历过一次磨课,等于经历了一次成长、一次蜕变。

四、正视问题,踏实前行

研修组的磨课活动呈现出良好的效果,但也存在一定的问题。在日常教学活动背景下,我们一方面完成教学任务,一方面挤时间磨课,工学矛盾不可否认地存在,同时也存在为了任务没有把好的资源在学校中应用的问题。随着年轻教师的大量入职,随着省市评优课现场比赛的取消,磨课活动越来越少,这种探索方式也因为耗时长、需要付出很多的精力而逐渐弱化。我非常期待年轻教师了解这种方式,每学年有意识地参与磨一节课,主动找专家听课指导,从专业的指导和帮助中不断成长起来。

第五节 难忘的两次磨课经历

教师执教公开课也是常有的事情,如果一个教师没有经历过一次公开课的研磨过程,那将是教师职业生涯最大的憾事;如果能够经历一次刻骨铭心的磨课,对教师专业提升则是一次质变的过程。公开课形式多样,有观摩课、评优课、研讨课等等。观摩课是推广教学经验的一种教学组织形式,评优课是教师教学比赛的评比课例,研讨课是针对某个内容的研究思考课例,虽然各自不同,但都或多或少有一个打磨的过程。在我的教学生涯中,上了很多公开课,有为迎接参观学习的公开课,有区域教研活动中的研究课,有省级评优课,有市级观摩课。我印象最深的公开课有两次,一次是工作第二年的区级研究课,一次是市级观摩课。

一、第一次模仿上路,在训练中研磨课例

本次区级研究课是我第一次上公开课,那是我工作的第二年,教学经验尚且不足,之所以确定由我上研究课,是因为学校优秀,团队支持力强,还有一点

就是我遇到人生的贵人——区数学学科教研员。那时候，区教研员每年都要对当年引入的新教师进行普及性听课，他发现我上课一点也不紧张，于是开始跟进我的课堂，整整一学期，每周四上午只要有时间他来听课，每次课后都精心点评指导。工作第一年遇到贴心的教研员，对我来说是一大幸事，教研员跟进就是一对一的精心辅导，促使我精心备课、研究教学，使我的教学水平短时间内得到了大幅度提升，想起来满心都是感激之情。确定由我上这节区级研究课后，师父、学科教师、学校领导和教研员开始全程跟进打磨教案。那时候还是手写教案，我前后写了十几稿，稿纸用了好几本，每一稿教案都贴贴补补，到底改了多少遍根本数不清楚。课上的教具有小动物、小花朵，都是手绘在卡纸上，再涂色剪下来；图片要一遍遍修改完善，精益求精，一开大的卡纸剪开使用，足足用了几大张。当时学校年级平行班有 6 个，除了正式上课的班级外，其余班级都留给我试讲用，教研员、教学校长和教导主任一句句帮我修改教案，师父每天千叮咛万嘱咐，美术老师也帮我修改教具图片，让其更加美观。终于，通过一遍遍试讲，教案定下来了。再开始新一轮磨课，即空讲教案，先是自己在教室面对桌椅，假设有学生，一遍遍空讲；再是教研员和教学领导坐在下面听，边听边找问题，在修改中讲，对提出的每个问题和建议我都赶紧记录在教案上；再就是学科教师扮演的学生讲，大家随时发问，甚至会提一些刁钻的问题，考验我的课堂应变水平；最后是校长亲自上阵练胆量，顺带检查我准备得如何。记得第一次在校长办公室，我拿着教具边演习边讲课，一紧张，就忘了下一个环节，校长一瞪眼："我一个人听你还紧张，一屋子人听课还不更紧张？还是教案不熟悉，出去背熟再来。"当时正好学校盖楼，满院子都是水泥板，于是我坐在水泥板上背教案，天渐渐黑了，看不见了，依然继续摸黑在背，觉得已经很熟了，再去找校长，还是紧张，又被撵出去，反复几次，校长陪我到 8 点多。开始的空讲是一个很好的熟悉教案的过程，让教学设计烂熟于心，课上才能轻松驾驭。正式上课的时候，听课教师满满一屋子，学生座位的前后、教室过道都坐得满满的，一直坐到讲桌前。师父和教学校长坐在最前面，几乎在我眼前，上课前还嘱咐，别紧张好好上，我们就在你跟前。我知道他们比我还紧张，生怕我出状况。下课了，教学校长走过来，激动地说，上得不错，快到时间的时候我想提醒你一下，你就是不看我，急人。

实际上是我当时上课太投入,眼里只有学生,根本就没有看见听课的领导老师们,就是眼皮底下也看不见。

二、第二次智慧碰撞,在创造中研磨课例

第二次让我印象很深的磨课活动,是一节市级观摩课打磨的前前后后。这时候我已经积累了一定的教学经验,有了自己的思考,能够独立设计相对成熟的教案。但市级观摩课要求比较高,是区域教研水平的代表作,体现一个地区学科团队的研究智慧,不单纯是个人水平问题。接到任务后,大约有两个月时间做准备,时间很紧张,我们一共试讲打磨了 8 次。我印象最深的是备课的思考过程,那是和教研员、学科团队碰撞的过程。首先我们要确定内容,进行独立备课。我们确定的执教内容是《三角形的认识》,首次备课是找方向,异常重要,因此我首先明确本节课的教学目标,再到学校阅览室查阅了各地教学杂志,尽可能多地找出不同地区对该课题的教学设计或者评析,逐一阅读,分析体会,这是最好的针对性学习过程。我先一篇篇看并做笔记,再横向看每个环节不同方法的设计对比,再纵向看教学环节推进策略,然后重点部分考虑自己的创新思考与设计。别人的设计仅仅是一个参考,自己有突破有创造才是最重要的。经过反复揣摩思考,教案第一稿出来了,我开始了第一次试讲。之后就是教研员带领学科团队,针对每个环节进行第一次打磨,然后我要一点点分析谁的建议可以采纳,谁的思考对本节课不适用,重新梳理思路,绞尽脑汁想办法,之后进行第二次试讲、第三次、第四次……每次试讲之后我都要有一次新的烧脑过程,遇到一个环节设计不知道如何推进时,吃饭也想,走路也想,睡前也想,醒来一睁眼还在想,甚至连做梦都在想办法,一有灵感急忙记下来,生怕忘记。终于到了第八遍试讲,心想这次一定定稿,可还是出现一个小状况,本来放松的心态又紧张起来,继续设想可能发生的问题,再次寻找解决策略。正式讲已经是第九次执教,这次观摩课的研磨对我来说真是一次刻骨铭心的经历。这时候的磨课不再是工作初期简单模仿经验而是创造经验的过程,是一次全情投入的智慧磨炼,更是众多高手过招的过程,之后我进入了一个教学新状态。

细想起来,初出茅庐的我第一次上公开课完全是一个模仿的过程,是大家

给予智慧，我反复熟练、理解掌握，虽然看似成功，实际上是还很青涩的被训练的过程。第二次观摩课磨课则完全不同，我真正参与其中，与大家进行智慧碰撞，输出自己的理解与思考，因此对课堂的驾驭更加自然流畅。教师只有经历一次刻骨铭心的磨课，才能真正体会一节好课形成的过程，不断成就自己。

第六节　好课必须是有效的课堂

一位专家提出"学会不等于会学""会教不等于教会"，很值得我们教育者反思。课堂是一种艺术，是交流的艺术、对话的艺术、研究的艺术……各种策略共同实践，去引发学生学习的兴趣，从而实现教学的有效性。

到底何为有效课堂？怎样实现有效？我认为兴趣是第一位，让学生兴趣盎然地去学习知识，才能真正实现有效课堂。而使课堂有趣的几个关键点，就是轻松、活跃和精彩，教师要有强烈的兴趣意识，去努力实现这个标准。

一、课堂教学是否轻松愉悦

教师应努力给学生创设一个适合的环境，特别是心理安全环境。我们要多鼓励少批评，多探究少否定，这样可以让学生敢说敢问、多说多问、会说会问。教师要少控制课堂，把主动权交给学生，让学生自主有序地感受知识探究过程。只有学生敢说敢问，才是调动了学生学习的主动性和积极性，达到有兴趣地学习这种理想学习心理状态。

二、课堂气氛是否活跃

精心设计学生感兴趣的话题。教师应充分挖掘教材因素，饱含激情地进行课堂教学，这样，教材的情感、教师的情感才可以感染学生，引起学生情感的共鸣，使其积极参与学习，品尝学习的乐趣。

三、教学环节是否精彩

教师应精心设计教学环节，不断变化教学形式和教学方法，让学生常听常

新。我们还应不断提出疑问,不断引发学生探究的欲望。好奇好胜是学生的特点之一,新异的刺激能引起他们的定向探究活动,因此学生的学习兴趣往往来自于新。教师应不断“求新”“求异”,争取在课堂上经常给学生以新鲜感,让教学环节新颖有趣。

年轻教师,要立志成为一个优秀的教师,就一定要训练自己的课堂基本功。课堂教学的基本功训练就从磨炼课堂开始。

第七节 从终点看过程

——课堂是教师最好的代表作

课堂磨炼的主要目标是提高课堂效率,训练学生本领。学校对学生进行知识传授、能力培养的主要渠道是课堂,课堂是检验教师教育教学本领的重要环节,一节优秀的课例就是一个教师最好的代表作。

一次我外出学习,到一所名校参观,听了一节六年级的数学课《通分》,虽然只听了一节课,但就能以小见大,看到学校的文化精神内涵在学生身上的彰显。课堂上学生的积极主动、民主参与、敢于质疑、思维活跃和训练有素,给我留下了非常深刻的印象,这呈现给我们的是一个学校的理念,更是学生入校以后快乐学习的丰硕成果。

一、课堂印象

这是一节精心的课堂,气氛和谐有序,学生积极主动,具备数学课堂独有的几大特性。

(一)紧扣知识体系脉络

教师一开头就设计了时间隧道环节,请同学们回顾所学的分数知识有哪些,然后课件出示教材画面,回顾分数学习体系,一分钟便已复习了已经学过的分数的意义、分数的基本性质,知识体系基础一目了然。教师追问:你认为我们后面要学习什么内容? 学生:分数的大小比较。然后教师提出:分数大小比较的核心是通分。你看,教师多么自然地促使学生打通了知识之间的脉络关系,把知识点串了起来，从而帮助学生更好地理解了知识。这种精心的设计，不经意间让学生理解了数学知识环环紧扣、层层递进的美。

（二）通过分类抓数学规律，研究数学问题

教师首先让学生自己写出一组分数，并比较它们的大小。然后，教师把学生写的例子集中在白板上，再由学生分类为同分母、同分子、异分母、异分子分数进行大小比较。最后，让学生谈各类分数比较大小的规律，由易到难，层层推进。

（三）在旧知识的基础上通过不断质疑推进新知识的理解

分母相同的分数会比较了，质疑：分子相同的分数如何比较？分子相同的分数解决了，再质疑：分子分母都不相同的分数呢？再总结：统一变成同分母或同分子的分数再进行比较，使学生自然而然探究出了通分的含义。最后，让学生看书自学归纳：通分的意义是什么？怎样通分？通分的格式是什么？通分的依据是什么？从头到尾，教师都是质疑点拨，学生积极辩论，使知识点的理解和掌握随着课堂的推进而跌宕起伏。

二、课堂感受

从这节课中，我深深感受到了学校的文化内涵在学生身上的呈现，看到了是学生日常的训练，看到了教师的课堂磨炼绝非一日之功。

（一）如果不是每个年级不懈训练，学生不可能有这样多的学习策略

在这节课中，学生数学思维开阔，用分数意义比较，用画图的方法比较，用分数和单位 1 的差反思维比较，用除法变小数比较……他们充满自信，整理了清晰的方法线：可画图，找商，找差，统一分母。这种敏捷的思维绝非一日之功，而一定是在日复一日、年复一年的课堂训练中积累形成的。

（二）如果不是学校快乐教育的成效，学生不可能这样自信满满

真正的快乐教育一定要实施在课堂上，因为学生每日在校的主要时间是课堂，因此学校注重落实课堂教学，通过各学科课堂实施快乐教育，学生就在这日积月累中成长起来，快乐地收获知识。

（三）如果不是学校丰富的课程资源滋润，学生不可能这样多彩多元

学校通过多彩的课程实施快乐教育，精心设计必修课和选修课，丰富学生

的所需。快乐学校造就快乐教师,快乐教师引领快乐学生。学校着力研究如何通过“快乐课程”建设为学生提供更多的学习资源,让学生享有不同的学习体验,促进他们个性的充分发展。学校的快乐课堂体现了课改的宗旨,即打造兴趣盎然的课堂、智慧共生的课堂、积极体验的课堂、充满生命力的课堂。

学校应该是一个快乐的地方,一群快乐的教师带领一大群快乐的学生,一起快乐地学习生活,获取知识和能力。这是这所学校给我最大的感受,也是教育者的向往。

而教师往往考虑较多的是知识传授,对学生能力和兴趣的考虑不足,就会使学生在学习中常常产生完成任务的情绪,不利于学习。学生玩游戏往往不知疲倦,就会因新鲜刺激而产生兴趣,有兴趣就会不知疲倦,就会乐此不疲,这是我们教师应该好好思考的问题。

第六章

走好第一年

“路虽远，不行不至；事虽小，不为不成。”

教师职业生涯的第一年，是新起点、新征程，要踏踏实实地走好每一步，要学会学习，学会思考，学会实践，坚守初心，努力实现自己的教育人生目标！

新教师在入职的第一年，面对新环境、新工作，往往手忙脚乱，应接不暇。为了使新教师尽快适应，区域教研部门及学校一般会格外重视新教师，区域会重点培养，单位会重点历练，师父还会手把手帮带，还有身边的教师们，都会提供呵护与鼎力相助。区域、学校提供的各种学习成长的机会，师父们的真诚指导，都是很好的成长机遇，作为新教师，谁能够把握好第一年成长的最佳时机，谁就有了更大的发展空间。国家、省、市各级都明确新教师岗前培训、第一年的试用期培训是县区必须完成的项目。区域为了尽快提升新教师的教育教学水平，会各显神通，各展所能。学校同样非常重视新教师的培养，会采取各种有效措施。新教师自己需要把握好这些机遇，用心学习，借区域之力、学校之力和自身之力，成功迈出第一步，走好第一年。

借区域之力：区级培训和区配备结对帮扶名优骨干教师都是支持新教师发展的有效力量。新教师要积极主动参与培训，用心完成相应的任务和作业，潜心向区域名优教师学习教学智慧。

借学校之力：学校针对新教师的各项活动，师父的手牵手帮扶，都是对新教师工作最贴心的帮助。新教师应珍惜第一年被精心呵护、倾力培养的过程。

发挥自身之力：内因才是决定因素，只有教师自身努力学习，用心实践，才能真正提高自己。

第一节　观区域新教师培养方案

一个区域对新教师的培养方案，代表区域的思考与设计，其明晰的路径和方法，对新教师有良好的借鉴作用。学习不同地区的新教师培养方案，吸纳经验做法，能够更好地借助区域力量发展自己。区域培养中的比赛环节，是新教师历练自己并脱颖而出的良机，把握赛制，磨炼自己，绝不应付，踏实耕耘，自己为自己设置学习比赛机制，不断成长，日有所进，就会打造出一个不一样的自己。自2010年开始，我所在的区域着力研究新教师培养，从岗前培训逐步拓展，走出了自己不同的道路，为新教师成长铺路搭桥。我们一起看看区域方案吧：

【区域方案】

天桥区新教师试用期培训方案暨天桥区“教学新蕾”培养方案

根据教育部《关于大力加强中小学教师培训工作的意见》、济南市教育局《关于进一步加强中小学新教师试用期培训的通知》和《天桥区教育局关于加强新教师培训工作的指导意见》的精神，以及对新教师试用期培训的有关规定，特制定天桥区新教师培训方案。

一、培训目标

1. 使新教师进一步树立专业思想，增强做好教育教学工作的信心和能力；初步掌握教学常规、教材教法和基本的教育教学管理策略；初步掌握班主任基本工作技巧和学生心理健康有关知识，以正确的思想态度开启教育职业生涯。

2. “教学新蕾”的评选作为新教师入门训练平台，使一些在教育教学方面有能力、善思考、能实践的新教师能够脱颖而出，使新教师在试用期培训中尽快成长为到岗就能上岗的合格教师，成为教育战线的生力军。

二、培训对象

当年招聘的新教师。

三、培训时间

第一阶段：新教师集中进行5天岗前培训。

第二阶段：试用期培训定于每年9月至下一年7月，为期一年。通过“教学新蕾”进行评比，将培训和培养融为一体。

四、培训内容

内容包括以下四个系统的培训课程：

1. “规划”课程：指导新教师进行职业生涯规划，使其学会思考自己的未来发展方向。

2. “乐业”课程：以师德讲座、教师职业情怀培养、读书习惯的养成、如何处理工作压力等为主要内容，重点培养新教师热爱教育工作的情感，帮助新教师提高工作积极性、责任意识和职业幸福感。

3. “善业”课程：主要包括对本学科课程标准的学习和落实、学科教学能力

的培养，还有学生管理及班主任工作策略方法、如何撰写教育叙事，以及新教师可能遇到的问题和解决办法的课程。目的在于帮助新教师尽快适应工作，了解本学科教学常规，并尽快认识到一节好课的基本标准、一位好的老师需要具备哪些方面的素质，从而找准今后努力的方向。

4. “展示”课程：为新教师创造多种机会展示锻炼自我，从粉笔字、钢笔字、简笔画等基本功的展示，到说课比赛，到读书笔记、教育叙事分享；从备课本、听课记录的展示到分小组“磨课”等活动。通过多种形式创设交流平台，形成竞争中相互学习的良好氛围。

五、培训形式

第一阶段：岗前培训。培训形式为集中培训。主要采用讲座和交流展示形式，着力基本教学规范和管理策略的训练。

第二阶段：试用期培训。历时一年，通过“听、磨、展、评”四种方式，以四大课程为统领，以研究性主题为主要推进方式，通过学校和天桥区教育教学研究中心来实施。各相关学校按照教学“新蕾”培养方案紧密配合，指导新教师在工作岗位上锻炼提高。

1. 听

区级联合听：区教研中心在入职当年10月至12月之间，对入职新教师进行拉网式听课，提前24小时通知，对新教师的常规课堂进行初步评价。一方面检查指导新教师的常规课堂教学情况，另一方面了解学校对新教师培养工作采取的措施和效果，提出改进建议。

结对名师听：区教研中心为每位新教师在全区范围内选定一名结对名师骨干，有效指导新教师的学科教学，引导新教师博采众长、不断进步，同时也有助于名师骨干的教学理念、策略和精神得到充分发挥。结对名师骨干一年内至少指导新教师课堂教学2节，日常及时通过多种方式为新教师解答教育教学中遇到的问题，解决课后反思中萌生的种种困惑。

指导师父听：学校为每位新教师配备一名优秀指导教师作为师父。指导师父具体指导新教师树立先进的教育理念，理解熟悉课程标准、教材、教法，全程指导常规教学的各个环节，师父听新教师课堂教学并认真指导评价，全年不少于20节，并使用独立听课本，做好听课记录和听课评价。

新教师听：新教师要勤学好问，积极投身课堂教学研究，每周至少听结对师父课堂教学1节,听师父的课累计一学期不少于20节,全年不少于40节;每学期听结对名师的课不少于2节。使用独立的听课记录本,做好听课笔记,课后积极与结对名师或结对师父讨论交流课堂感受,针对点评积极撰写教学反思。

2. 磨

“磨”能提炼积累能力。通过读书心得、教育叙事和磨课活动培养新教师会学习、善学习,能教学、会教学的能力。要求新教师在当年10月至下一年1月开始单月撰写读书心得一篇,双月撰写教育叙事一篇,每月25日前上交教育叙事或者读书感悟电子版到区教育教学研究中心相关科室,同时鼓励新教师建立个人教育博客或个人空间,上传所写文章,多多益善,养成写作积累的好习惯。

“磨”课。积极在新教师中开展磨课活动,磨课活动意在让新教师了解一节优质课是如何打磨而成的。在今后教育教学过程中,新教师要以此严格要求自己,不断提高自身教学水平。

每人一节常规课和观课谈见解作为教学“新蕾”评选条件之一。下一年2至4月在新教师中开展磨课活动,采取区级磨课和校级磨课两级磨课,促使人人受益。区级磨课:通过第一轮拉网式常规课听课,在每个学科择优选择一到两名新教师各上一节研究课,在学科教研员的指导下,使新教师在经过初次试讲、讲评、修改,二次试讲、讲评、再修改等一系列磨课过程后逐渐熟悉一节优秀课例的生成过程。其他新教师通过观课,积极思考授课教师优秀和不足的方面,以求在自己的常规教学中取长补短、不断提高。校级磨课:凡是没有在区级磨课得到上课机会的新教师,需要在学校层面进行磨课,由学校组织进行,让每位新教师亲身体验磨课过程。课后新教师对比前后两次课堂教学进行交流、反思,以学科为单位谈自己本次活动的收获,并撰写磨课反思。

3. 展

学校组织本单位新教师进行各种日常展示活动,针对新教师的各种能力进行训练。

“展”基本功。每位新教师平日要加强基本功练习,各学校积极组织开展新教师的基本功训练,做好日常钢笔字、粉笔字和教学基本功等展示。

“展”教学能力。新教师根据自己工作以来的现实表现,和对教育教学的理解体会、收获反思,采取课堂教学、说课等不同形式展示自己的水平。

4. 评

单项评比。对全年撰写的教育叙事、读书笔记等的表现情况进行全面评比;对教学基本功的各方面新教师的表现情况进行全面评比;对新教师教学案、教学反思、日常听课记录、学习笔记、作业批改等教学常规资料进行全面评比。

全面终评。入职下一年的6至7月进行全面终评,最后根据各项评比的成绩,综合新教师各单项成绩计算总分,分学科对成绩突出的新教师按比例评选为天桥区每一届"教学新蕾";同时被评为"教学新蕾"的新教师的结对师父,将根据师父的指导成果、听课记录达标情况等评选一定比例的优秀指导教师和结对名师,9月份进行表彰。

六、具体要求

1. 以学校为实践基地

做好计划总结。各新教师所在单位,将新教师培养工作作为一项重要工作纳入教师梯队建设中,根据区整体培养方案合理规划自己的培养思路,当年9月制定切实可行的培养计划,并认真落实,下一年8月根据培养情况认真总结,提炼培养经验,不断完善学校培养机制。

注重过程管理。紧扣方案要求和课程安排,加大过程管理力度。实行"拜师"制度:学校为新教师推荐一名优秀指导教师,可双向选择,签订拜师协议。新教师所在学校主动联系区域配备名师所在学校和名师,名师所在学校积极给予支持,加大名师的引领指导和师父的日常指导力度,及时督促,有效反馈,给新教师及时有效指导。实行研究性作业制度:学校督促引导新教师研究自己的教学实践,为新教师提供展示锻炼的机会,做到使用和培养有机结合,对新教师备课、教学、作业批改等教学常规严格要求、细心指导,及时合理评价,促进新教师主动积极性的发挥和独立思考,每月新教师根据要求完成一份研究性作业。

2. 以区域培训评比为引领

实行学分管理。区教育教学研究中心根据新教师日常参训、作业和比赛等情况,督促新教师完成试用期培训学分,培训合格颁发天桥区新教师试用期培训合格证书。

培养与评比共进。区教育教学研究中心总结新教师一年培训情况,指导新教师填写《天桥区新教师培养工作手册》,并根据评比成绩,评选天桥区每一届"教学新蕾",颁发区"教学新蕾"获奖证书。

总之,通过各种有效措施培养新教师,结合"教学新蕾"的评选,使新教师尽快成为合格教师,并逐步变得优秀,从而为区域教育教学储备培养后备人才。

附件 1:新教师岗前培训课程安排表

<table>
<tr><th>培训时间</th><th>培训专题</th><th colspan="2">主要内容</th><th>主要目的</th></tr>
<tr><td rowspan="3">第一天</td><td rowspan="2">区域概况</td><td colspan="2">开班典礼(新教师培养方案解读)</td><td rowspan="3">了解自己入职的区域,增强对职业的热爱与坚守</td></tr>
<tr><td colspan="2">区域教育概况</td></tr>
<tr><td>职业道德</td><td colspan="2">谈谈教师职业幸福</td></tr>
<tr><td rowspan="4">第二天</td><td>区域重点教学项目</td><td colspan="2">中小学:基于标准的教学</td><td rowspan="4">了解教学,掌握最基本的教学要求和规范</td></tr>
<tr><td rowspan="3">教学规范</td><td>小学</td><td>《教学常规及学习习惯的培养》</td></tr>
<tr><td>中学</td><td>《教学常规及学习方法的指导》</td></tr>
<tr><td>幼儿园</td><td>《3—6 岁儿童学习与发展指南》</td></tr>
<tr><td rowspan="5">第三天</td><td>信息技术</td><td colspan="2">前沿技术:课堂教学的互联网 +</td><td rowspan="5">学习常用的信息技术,感受身边优秀青年教师的成长启迪</td></tr>
<tr><td rowspan="4">青年教师成长故事</td><td colspan="2">《让尊重陪伴学生快乐成长》</td></tr>
<tr><td colspan="2">《自主自发,向上向美——做一个不断成长的教师》</td></tr>
<tr><td colspan="2">《脚踏实地,站稳岗位,做一名不可替代的老师》</td></tr>
<tr><td colspan="2">《碧波深处有珍奇——一位青年教师的专业成长历程》</td></tr>
<tr><td rowspan="4">第四天</td><td rowspan="2">名师骨干发展引领</td><td colspan="2">《且行且思且成长》</td><td rowspan="4">学习名优教师的成长经验,引领未来发展方向</td></tr>
<tr><td colspan="2">《静静地做一个“明”师》</td></tr>
<tr><td rowspan="2">名班主任班级管理</td><td colspan="2">《听听家长内心的声音》</td></tr>
<tr><td colspan="2">《建“四有”班级,做幸福老班》</td></tr>
<tr><td rowspan="3">第五天</td><td>学习检验</td><td colspan="2">新教师岗前培训考试</td><td rowspan="3">岗前培训效果检验,小组合作意识培养</td></tr>
<tr><td>全面总结</td><td colspan="2">结业典礼(多彩的小组合作展示)</td></tr>
<tr><td>入校准备</td><td colspan="2">了解所在学校情况、了解本学科教材基本要求,学习课程标准前言部分</td></tr>
</table>

附件 2：新教师试用期培训和研究型作业安排表

时间	培训内容			
	研究主题	主要安排	研究性作业	主要目标
9 月	规划课程之规划未来	1. 上一届“教学新蕾”表彰和新一届“教学新蕾”培养启动；2. 区域配备结对名师、校内师徒结对，学校签订师徒协议，举行拜师活动；3. 思考教师职业价值感与成就感；4. 制定个人发展规划。	作业一：制定发展规划、个人年度计划，思考撰写对教师这一职业的认识	培养长远眼光，思考自己的未来
10 月	乐业课程之热爱本职	1. 自主学习教育部下发的中小学幼儿园《教师专业标准(试行)》；2. 精读两本书：苏霍姆林斯基《给教师的建议》和雷夫 · 艾斯奎斯《第 56 号教室的奇迹》，养成读书习惯，认真撰写读书感悟；3. 组织新教师分组论坛活动。	作业二：让教育成为自己执着的事业	了解教师职业特点，培养教师爱生敬业精神
11 月至下一年 1 月	善业课程之理解课堂	1. 新教师整理自己上班以来遇到的问题；2. 理解撰写教育叙事的方法，开始撰写自己的教育叙事；3. 新教师研究自己的常规课教学策略；4. 系列讲座。	作业三：我教学的主要困惑以及相关策略	问题导向训练，培养积累的习惯
2 月至 4 月	善业课程之磨炼课堂	1. 通过参与磨课学会简单的评课议课；2. 观摩优质课，学习课标，思考自己的课堂教学方法，理解一节好课具备的主要特点；3. 认真实践一节研究课。	作业四：现场完成磨课反思	着力课堂训练，体会优秀课堂形成过程，培养研究课堂的意识

<table>
<tr><td rowspan="2">时间</td><td colspan="4">培训内容</td></tr>
<tr><td>研究主题</td><td>主要安排</td><td>研究性作业</td><td>主要目标</td></tr>
<tr><td>5月</td><td>善业课程
之
学生管理</td><td>1. 学生管理的正确观念与方法;2. 课堂常规教学中的学生训练和思考;3. 学生管理的主要问题和策略研究;4. 系列讲座。</td><td>作业五:学生管理工作中遇到的主要问题及策略</td><td>管理策略研究与思考,培养管理学生的能力</td></tr>
<tr><td>6月
至
7月</td><td>展示课程
之
展示自我</td><td>1. 基本功展示;2. 教学思考与技能展示;3. 日常备课,教学反思,听课记录,学习笔记等资料展示;4. 个人整理完成天桥区新教师培养手册。</td><td>作业六:全年总结:总结第一年工作的收获与思考</td><td>教学基本功训练,自我综合素养提升</td></tr>
</table>

第二节　区域培养的思考

从方案中我们可以看出几个关键点:一是区校联手,分级互动,步步为营,实实在在为新教师的发展谋划,有管理,有落实,有指导,有实践;二是以“听、磨、展、评”四大方式抓住教师专业发展的根本环节,这是最基础也是最重要的教学训练,根深才能叶茂;三是有明确的数量要求,这样容易形成良好的习惯。新教师有了这个方案,就有了第一年发展的明确方向。关于如何用好方案,大家可以思考几点。

一、看方案明确目标,规划发展路径

新教师第一年成长的主要目标:通过一年的学习,初步掌握教学常规、教材教法和基本的教育教学管理策略,尽快适应教学岗位。学校是新教师成长的摇篮,更是新教师历练的战场,只有扎根学校,用心踏实走好每一步,才能真正成长起来。教学是个慢工夫,有了区域方案的指导,新教师还要有自己的规划与思考,至少心中要有明确的方向,将试用期培训作为自己的一个起点,着眼未来,走一步看三步,夯实基础,根植学校,吐故纳新。

二、明确时限任务，早行动早收获

一年的时间很快，转眼而去，不可等待。“明日复明日，万事成蹉跎”，新教师不能因为工作忙碌而应付，应付区校实际是应付自己，最终受影响的也是自己。新教师要看好时限内容规定，尽可能提早行动，尽最大努力有质量地完成相应的任务：用好“听、磨、展、评”四种方式，日常用心听课，体会经验；磨课时多听别人的评课和建议，多问为什么这样设计、这样修改的原因是什么，只有不断反思才能真正有效果，展示的时候要有准备、有思考、有提前的自我训练；撰写读书感悟是为了促进读书，不只是一个作业，认真读书才有感悟；教育叙事是帮助新教师寻找教学中的思考，发现教育策略，要善于找叙事点，写出自己真正的思考。

三、根据比赛项目，从基础开始练习

“教学新蕾”评选一共设有十项内容，并设计了相应的分值（如下表），让教师从入职开始就是训练与比赛的结合。

“教学新蕾”比赛重点项目及分值一览表

平日课	教学案	听课笔记	磨课反思	简笔画	钢笔字粉笔字	教育叙事	读书笔记	研究性作业	展示比赛	总分
10 分	20 分	15 分	5 分	5 分	5 分	5 分	5 分	10 分	20 分	100 分

这些评比竞赛的真正目的是提升新教师的专业水平，因此新教师要从基础着手练习，从教学行为的规范如语言、板书、着装，从教学工作的标准如备课、上课、作业，从文本教材的解读如教材地位、单元主题、课程标准，从粉笔字、钢笔字练习做起，努力做到有计划地提高，争取日有所进。对于自己与他人差距大的项目不放弃，自己和自己比，自己有提高就是成功，只要坚持慢慢提高，就会不断缩小差距，甚至超越他人。人生是一场长跑，教育更不是一日之功，只要有毅力，向着美好的终点坚定前行，一定会成功。

第三节　新教师第一年成长的四个关键

新教师第一年成长的四个关键是着力抓好基础、训练课堂、借鉴经验和促进自身努力。

一、基本策略引领

区域新教师的岗前集中培训，设计的都是最基础的培训内容，是最基本的策略引领。五天的岗前培训，精心设计了新教师入职最需要的课程，目标是让新教师了解教师职业，尽快转型，并愿意为之努力。第一天的课程关系区域概况、职业道德，可以让新教师尽快了解即将入职的区域情况，尽快融入并思考未来的教育生活。第二天的课程是介绍区域重点教学项目、教学规范，是着力教学重要环节基本要求的设计与思考，目标是让新教师明确区域教学方向和研究重点。第三天的课程是信息技术和成长故事，一是针对当下迅猛发展的信息技术和教育的融合，以及技术对教育带来的作用，培养新教师尽快用好技术手段以帮助教学；二是青年教师的成长故事，让新教师了解比自己早一年或几年入职的年轻教师在教育教学中都经历了哪些事、他们的体会和思考是什么，启发新教师做奋发有为的年轻人。第四天的课程是介绍名师骨干的成长发展和班级管理经验，这些优秀教师总结的经验可以帮助新教师尽快缩短适应期，少走弯路，更快成长。第五天的课程是考核总结、结业典礼，一方面是检验新教师培训学习情况，同时让新教师谈体会、以小组为单位汇报学习情况，训练团队合作意识，另一方面定让新教师在结业的时候明确下一阶段到学校后的工作要求。

可以说，岗前培训课程给新教师打开了一扇窗，时间虽然短暂，但内容丰富。区内的名优骨干教师就职业规划、学生管理等方面现身说法，对新教师既有启迪也有指导。区域特级教师、名师骨干举行专题讲座，教研员进行专业指导，学员分组说课、体验教学，以及培训考核，都对于新教师即将开始的一年试用期打下了基础。当然，岗前培训仅仅拉开了新教师培养的序幕，仅仅是帮助他们初步了解教师职业的策略方法，许多教育教学中的现实问题都需要他们到

学校实际工作中自己去验证。但是,岗前培训专家们与新教师们推心置腹的交流,使求技若渴的新教师感受到教育日新月异的变化,也为接下来的实际工作找到了努力的方向。新教师在岗前培训中用心体会区域的宗旨,学习思考自己的未来,至关重要。

二、紧扣课堂训练

课堂是教师的主阵地。无论岗前还是试用期,新教师首先要思考课堂。新教师应将学习培训与学科教学紧密联系,不断加大同学科间的交流力度;聆听学科教研员的学科课程标准解读,自主学习领会课程标准;积极参与以教研员为主导的区级学科磨课活动;用好身边的名师专家引领。特别是磨课环节,可以说对新教师第一年的成长起到非常重要的作用。区域在新教师入职第一年常常到学校听新教师的日常课,结合新教师日常课选取一定数量的新教师组织区级磨课活动,这是为了给每个新教师提供磨课的机会,若能参与其中一定要珍惜,全力以赴。区级磨课是做指导,更是一种范例引领。校级磨课是学校组织的课堂教学再实践,是参考区级磨课范例,在学校组织新教师试讲、讲评、修改和完善,对新教师课堂教学能力的提高有着积极促进作用。在磨课环节中,要用好结对名师和新教师的师父,发挥他们在区级磨课和校级磨课中的主力军作用。新教师磨课至少要经历两轮:教师独立备课、上课,课后组织评课,提出改进建议;优化教学设计后再上同一节课,再组织指导师父、结对名师指导,帮助新教师打磨课例。新教师全情投入磨课,学校也积极主动指导,有的教师打磨课例竟达10次之多,不仅磨出了一节精彩的优秀课例,更磨出了一个优秀教师后备人才,教师的艰辛最终变成了教育的智慧。

三、前人经验借鉴

在新教师参加培训的过程中,区域会不断完善培训内容,不断根据需要增加新教师展示课和成长经验介绍内容,增加上一年度新教师成长经验介绍,给新教师最贴近一线、最接近自己的成长经验。每次看到新教师听上一年度新教师成长介绍的投入神情,我都深感前人经验是新教师最直接的学习资源,也是解决问题的最佳途径。因此作为新教师,除了在培训中学习前人经验,更多的是要跟身边的同行学习经验,一个善于观察、善于学习、勤于反思的教师,往往会更快成长起来。

四、促进新教师自身努力

很多学校竭尽所能做好新教师培养工作,因为他们是学校的发展力量,他们的教育教学水平决定学校的未来。有的学校即使仅有一名新教师,也会想方设法去培养。有的学校会为新教师配备多名指导师父,有的指导新教师的学科教学,有的指导新教师的班级管理,可见学校是期盼新教师尽快成长的。

新教师在教学活动中积极主动实践非常重要,能否成功要看其日常的教学行动:教学准备充分,课件制作用心,每个教学环节都一丝不苟;能不断体会师父的指导,教案不厌其烦改了又改,才会让自己的课堂自然大方,让教学形式多种多样;能够了解学生年龄特征,教学低年级时注重学生的习惯养成,教学高年级时注意学生学习兴趣的保护和培养,更能努力通过各种活动的设计调动学生的学习积极性;能够不断创新反思,体现出先进的教学思想和良好的工作状态,以及对教师行业的热爱。同时,参与评课的新教师要通过观课,积极思考授课老师值得自己学习的方面和不足,以求自己在常规教学中取长补短,不断提高业务水平;课后新教师如果能对比前后两次课堂教学进行交流、反思,谈自己本次活动的收获,就能在评课过程中训练专业理解能力。通过有意识的训练,大部分教师都能够理解评课的主旨,渐渐从三言两语评一下变成能从多个方面很有条理地说明个人对课堂的思考,也能提出一些核心、关键的问题,有些教师还能举一反三,谈出修改建议和思路。敢于课后积极参与评课,对新教师的课堂理解有很大帮助。学校的学科教研组对新教师的帮助和指导也是重要一环,新教师每天都和教研组的老教师们一起摸爬滚打,一起研究推进教学计划,教研组长和骨干教师都是我们的良师益友,只要主动学习,他们都会不吝赐教。

成为一名“真正的教师”需要一个漫长的过程,只有起点没有终点,入职之前的求学经历充当着过滤器,你曾经的老师是你头脑中教师的样子,引导你实践学习“教学”和学习“做教师”的过程。有的教师大学毕业直接上岗,有的在其他行业行走多年再改行做老师,也有很多教师一上岗就做班主任,只有亲身走上讲台,才能体会教育教学的艰辛和困难,要坚信世上无难事,只要肯登攀。

第四节　新教师实践中的主要问题

每年新教师试用期结束的时候，我们都会让新教师们写一写自己在第一年教学管理和学生管理中遇到的主要问题，面对这些问题自己的做法和应对的策略。我们明显感觉新教师在成长中还有不少问题，梳理好这些问题，研究这些问题的应对策略，对新教师的成长可以起到事半功倍的作用。

一、教师的问题汇总

第一年新教师在教学管理和学生管理上的问题五花八门，我选择其中一部分问题整理汇总了一下，具体描述如下：

教学管理的主要问题：

1. 教学重、难点、教学目标把握不准，讲课面面俱到，没重点；
2. 课上总是在走教案，对学生的关注不够；
3. 学生主动性不高，课堂效率低，基础知识掌握不牢；
4. 学生阅读能力差，课外阅读量不足，阅读和写作能力训练不到位；
5. 教材内容与学生生活有距离，课堂处理上显得枯燥乏味；
6. 教师总是急于告诉学生答案，不能充分发挥学生的主动积极性；
7. 作业布置的内容比较死板，开放性的思考作业比较少；
8. 学习方式转变不够，课上教师讲得多，学生参与少，不能合作学习；
9. 课堂时间不够用，教师总是控制不好时间，老拖堂；
10. 学生学习兴趣不浓，学生课堂学习积极主动性不高，课堂气氛不活跃；
11. 学生对作文没兴趣，作文写不好，立意不新，细节描写不到位；
12. 课堂教学机械化，不能融入实践，课外补充抓不住要点；
13. 多媒体使用上只是取代了黑板、练习纸，没有很好地融合；
14. 低年级识字量大，进度快，学生不能很好地掌握；
15. 对于课文长的内容，课上总讲不完，学生的积极性还不高；
16. 学生的个体差异比较大，教师针对性教学跟不上；

17. 教师课堂评价语总是单一且苍白无力。

学生管理的主要问题：

1. 学生列队训练难，学生站队的时候不能做到快、静、齐；

2. 每日收作业时学生总是拖拖拉拉，比较慢；

3. 做值日慢，老师不在的时候学生总是在打闹、聊天，不看着不知道做值日；

4. 课堂纪律差，打上课铃后还不能自觉安静下来；

5. 学生上课注意力不集中，有的上课发怪声做小动作，对课堂外的事物很关注；

6. 学生不会听别人回答问题，只考虑自己抢着回答问题；

7. 总有几个学生很调皮，就是不守纪律；

8. 学生总是丢三落四，家长多次反映；

9. 班里有特殊学生（多动症患者等），影响其他学生学习；

10. 对班级管理制定的奖惩制度不能坚持，反馈不到位；

11. 个别学生学习能力偏差，总是不能按时完成作业；

12. 学生的学习习惯差，自制能力差，比如排队的时候打闹，乱扔纸团等杂物；

13. 个别学生与同学有矛盾时常常打人，多次教育没有效果；

14. 学生缺少责任与担当，遇到问题和困难就容易逃避；

15. 低年级教学常规训练有难度，家长过于关注，影响教师正常管理；

16. 高年级有些学生有逆反心理，还有的形成小团体破坏班级管理，坏习惯不好纠正；

17. 遇到的个别学生、个别家长让教师很是费时费力。

二、核心问题

乍一看，五花八门的问题好像不少，但是如果我们仔细分析归纳一下，就可以看出问题还是比较集中的。只要我们抓住关键核心问题，好好思考应对策略，其他的很多问题就可以迎刃而解。经过分析梳理，最核心的问题有以下几点。

（一）教材的问题

新教师的教学目标确定和落实不到位，课堂掌控能力差，教学经验不足，教学设计不能有效针对教材、针对学生，不能调动学生学习的积极主动性等问题，大都是因为教师对教材的理解把握不准确。教材理解不到位，教学内容和学习方式设计就不到位，看似准备了很多的花样，气氛或许热热闹闹，但往往效果不理想，甚至偏离课堂主要任务。新教师由于对教材理解不到位，往往更多的时候在走教案流程，课堂上与学生的互动少，不能及时调控课堂，学生提不起兴趣就会心不在焉，甚至还会出现扰乱课堂纪律的现象。有的新教师技术学得快、用得多，但是最大的问题是用得过多，把精力和时间都用在制作课件上，一节课都是PPT，离开课件似乎就不会上课。课件固然省事，但是未必能激发学生思考，如果不能将技术与教学有机融合，就会出现本末倒置的状况。

（二）学生管理的问题

学生行为习惯养成训练不到位，班级管理缺乏技巧方法，出现问题时，往往会大声呵斥学生，但是都只是表面上平息问题，不是长远之计。训练学生良好的习惯，需要确定规则意识和制订长期有效的训练计划。新教师和学生打交道时分寸往往把握不准。有的过于亲近，学生没有敬畏感；有的过于严肃，学生会产生距离感。现在的学生见识多，胆子大，不少孩子在家里娇生惯养，养成了一些不良习惯，不愿意受约束。教师管理松一点，有的学生就散漫不守纪律；管理严一点，有的学生就老师在一个样，老师不在另一个样，和老师捉迷藏。所以说训练学生良好的行为习惯，至关重要。

（三）家长沟通的问题

新教师接手一个新班级，几十个学生背后就有几百个家长，每个孩子身后有父母、爷爷奶奶，姥姥姥爷等，从学生入校第一天开始，他们的关注点就转移到学校，越是低年级，家长的关注度越高。大多数家长都能理解教师的辛苦，会和老师融洽相处，一起配合做好孩子的教育工作。家长对孩子关注度很高，常常对教师提出各种问题，这都是需要新教师积极面对的。也有个别家长，对发生在自己孩子身上的问题过于关注，孩子们之间闹矛盾，就到学校来指责另一个孩子，甚至引起家长之间的矛盾。孩子受了批评，他们常常找教师、找学校理论。教师与家长打交道也是一门很深的学问，新教师需要好好研究，特别是对个别家长与个别学生的问题更是需要提前学习应对策略。个别学生身后一定有个个别家长,一旦遇到一个个别学生的问题处理不好,导致个别家长盯上这件事,纠缠不清,无休止地理论,那对新教师就是一个巨大的考验,处理不好往往对教师的工作影响非常大,有时甚至会影响整个学校。

三、如何解决这些问题

(一)对教材深入研究,读懂弄透

新教师从入职开始,就要养成深入研究教材的好习惯。新教师要好好啃教材,从课程标准的角度看教材,从各个角度深挖教材,思考教材的设计意图。新教师要熟悉教材,至少做到可以前后相通,也要熟悉所教教材的前后两册教材,了解知识的来龙去脉。新教师要研究课堂教学落实的策略,每一节课精准确定教学目标,通过多种方式达成预定的目标。

(二)对学生多了解、会评价,严与爱相结合

对学生要从基本的纪律开始训练,新教师要定好规则,及时有效评价。十个手指不一样齐,新教师绝不能用同一个标准要求所有学生。新教师要加强课堂习惯训练,如引导学生听教师讲、听同学说,迅速做练习等。上课教师布置练习题,要有明确的时间要求,如这道题给大家5分钟时间,这样能让学生有紧迫感,让他们养成必须集中精力抓紧时间做题的意识。但是学生能力不同,完成时间是有快有慢的。做得快的同学,教师可以要求他们继续检查一遍,确保准确率,不浪费每一分每一秒;做得慢的同学教师就要求他们力争一次做对。这样学生都有事做,就没有机会走神或违反纪律。

如何迅速有序地列队,经验丰富的教师都有自己的一套经验,新教师要善于观察与思考,勤学好问,及时借鉴应用。训练好小干部非常重要,让学生成为管理者。新教师应要求小干部先管好自己,再去管他人。小干部分工要细,落实要严,评价要跟上,新教师应以鼓励为主,惩罚为辅。老师在不在都由小干部管理指挥,新教师对出现的问题应及时跟进,及时评价。新教师要坚持训练小干部一段时间,等他形成良好的习惯后再放手,过一段时间后教师要再跟进一下,以防情况出现变化。

（三）对家长不卑不亢，及时沟通主动联系

新教师要积极家访，提前了解每个学生的情况以及家庭背景。每一个学生都有一个故事，新教师要了解学生的家庭故事，提前思考应对策略，防患于未然。对待个别学生，新教师更要爱字为先，严格为辅，及时沟通，不回避问题，让家长看到你的用心。教师和家长打交道，要主动，不要等有问题时再沟通，个别学生有点滴进步就及时与家长分享，让家长看到你对孩子的关心，就能提前挣得一份理解。

（四）主动记录教学中的问题

新教师要养成记录教育故事的良好习惯，教学反思不是被动完成任务，每一个问题的磨炼都是下次遇到问题时应对的经验。

路遥知马力，一年的试用期培训仅仅是教育生涯的一个起点。我们给予大家的仅仅是引领性的策略，还需要新教师在今后的道路上通过实践感悟。

第五节　记录自己的成长足迹

在新教师第一年的培养中，区域特别给新教师设计了一本《新教师培训手册》，意在帮助新教师学会梳理记录自己第一年的成长足迹，养成一种随时记录的好习惯。

《新教师培训手册》一共设计了十六项内容，除了学校和上级考核外，都是对新教师最基本的训练。手册内容有新教师基本情况、个人三年规划和学年年度计划，有师父基本情况，有年度备课数量，同时还设计了新教师精品说课稿、磨课稿、教学基本功、读书笔记和教育案例作业，还有第一年遇到的问题及思考、年度总结等。新教师初看到时一定认为这是培训的作业本，但是只要你认真思考，就能领会作业背后的良苦用心。比如，钢笔字、粉笔字是教师重要的基本功，是门面，需要每日练习。手册中设计了粉笔字照片贴图，新教师可以从入校开始，分阶段练字之后拍照贴图，通过对照看看自己是否有进步，就可以知道自己的练习是不是有成效。说课稿、磨课稿是教师最基本的两种教学呈现形式，教师要学会说课，更要能够写好精品教案设计，各类教学大赛离不开说课和教案设计这两种重要方式，新教师在第一年就要学会。下面给大家展示区域培训手册，期望新教师用心品读，把它变成你的成长资源，对你的未来一定会有帮助。

【新教师培训手册】

天桥区＊＊＊年新教师试用期培训手册

姓　　名____________

学　　号____________

任职学校____________

学　　段____________

培训时间____________

填表说明

本手册是新教师一年中参与培训、活动和实践的汇总，充分展示新教师个人能力水平及活动成果，＊＊＊年6月底汇总上交。

1. 本表采用A4纸规格，正反面打印，从目录开始居中自编页码，装订成册，左侧装订。

2. 请用钢笔（使用碳素或蓝黑墨水）或计算机准确如实填写本表各项内容，书写要清晰、工整（需要签名、给出意见以及钢笔字和简笔画的部分必须手写）。

3. 表内的年、月、日一律用公历和阿拉伯数字。

4. 照片须粘贴本人近期正面免冠彩照（非打印版）。

5. 表格不够可加页。

6. 学段指“高中、初中、小学或幼儿园”。

7. 指导教师基本情况一览表部分中，如有多名指导教师的，分别填写表1、表2。

目　录

1. 新教师基本情况、个人三年规划和学年年度计划

<table>
<tr><td>姓 名</td><td></td><td>性 别</td><td></td><td>年 龄</td><td></td><td rowspan="6">（贴一寸照片）</td></tr>
<tr><td>民 族</td><td></td><td>学 历</td><td></td><td>学 位</td><td></td></tr>
<tr><td>任职学校</td><td colspan="3"></td><td>政治面貌</td><td></td></tr>
<tr><td>毕业院校及专业</td><td colspan="5"></td></tr>
<tr><td>任教学科</td><td colspan="2"></td><td colspan="2">是否担任班主任</td><td></td></tr>
<tr><td>家庭住址</td><td colspan="2"></td><td>联系电话</td><td colspan="2"></td></tr>
<tr><td>本人简历</td><td colspan="6"></td></tr>
<tr><td>何时何地受过何种奖励或处分</td><td colspan="6"></td></tr>
<tr><td>何时何地参加过何种培训</td><td colspan="6"></td></tr>
<tr><td rowspan="6">个人三年发展规划</td><td colspan="6">自我分析（个人优势和提升空间）</td></tr>
<tr><td colspan="6"></td></tr>
<tr><td colspan="6">总体目标（三年总体目标）</td></tr>
<tr><td colspan="6"></td></tr>
<tr><td colspan="6">具体措施（从师德、业务和学习三个方面做出规划，可具体分阶段描述）</td></tr>
<tr><td colspan="6"></td></tr>
<tr><td rowspan="3">第一学年年度计划</td><td>学年主攻方向</td><td colspan="5"></td></tr>
<tr><td>方法措施</td><td colspan="5"></td></tr>
<tr><td>阶段任务</td><td colspan="5"></td></tr>
</table>

2. 结对名师基本情况一览表

<table>
<tr><td>姓　名</td><td></td><td>性　别</td><td></td><td>年　龄</td><td></td><td>民　族</td><td></td></tr>
<tr><td>学　历</td><td></td><td>所教学科</td><td></td><td>职　称</td><td colspan="3"></td></tr>
<tr><td>任职学校</td><td colspan="3"></td><td colspan="2">从教时间</td><td colspan="2"></td></tr>
<tr><td>指导内容</td><td colspan="3"></td><td colspan="2">是否担任班主任</td><td colspan="2"></td></tr>
<tr><td>联系地址</td><td colspan="3"></td><td colspan="2">联系电话</td><td colspan="2"></td></tr>
<tr><td>主要成绩</td><td colspan="7"></td></tr>
<tr><td>名师所在单位意见</td><td colspan="7">学校(公章):
年　月　日</td></tr>
<tr><td>区教研中心意见</td><td colspan="7">学校(公章):
年　月　日</td></tr>
</table>

3. 指导教师基本情况一览表(一)

<table>
<tr><td>姓　名</td><td></td><td>性　别</td><td></td><td>年　龄</td><td></td><td>民　族</td><td></td></tr>
<tr><td>学　历</td><td></td><td>所教学科</td><td></td><td>职　称</td><td colspan="3"></td></tr>
<tr><td>任职学校</td><td colspan="3"></td><td colspan="2">从教时间</td><td colspan="2"></td></tr>
<tr><td>指导内容</td><td colspan="3"></td><td colspan="2">是否担任班主任</td><td colspan="2"></td></tr>
<tr><td>联系地址</td><td colspan="3"></td><td colspan="2">联系电话</td><td colspan="2"></td></tr>
<tr><td>主要成绩</td><td colspan="7"></td></tr>
<tr><td>任职学校意见</td><td colspan="7">学校(公章)：
年　月　日</td></tr>
</table>

指导教师基本情况一览表(二)

<table>
<tr><td>姓　名</td><td></td><td>性　别</td><td></td><td>年　龄</td><td></td><td>民　族</td><td></td></tr>
<tr><td>学　历</td><td></td><td>所教学科</td><td></td><td>职　称</td><td colspan="3"></td></tr>
<tr><td>任职学校</td><td colspan="3"></td><td colspan="2">从教时间</td><td colspan="2"></td></tr>
<tr><td>指导内容</td><td colspan="3"></td><td colspan="2">是否担任班主任</td><td colspan="2"></td></tr>
<tr><td>联系地址</td><td colspan="3"></td><td colspan="2">联系电话</td><td colspan="2"></td></tr>
<tr><td>主要成绩</td><td colspan="7"></td></tr>
<tr><td>任职学校意见</td><td colspan="7">学校(公章):
年　月　日</td></tr>
</table>

4. 新教师听课、备课情况统计表

（详见听课本、备课本）

新教师听课情况统计表（学年度）					
听课对象	听师父节次	听结对名师节次	听本学科其他教师节次	听非本学科教师节次	合计节次
节次					
新教师备课情况统计表（学年度，多学科可加栏）					
任教年级	任教学科	备课总节次	精品教案节次	体现二次备课的节次	体现教学反思的节次

5. 新教师精品说课稿（自定内容、原创）

课　题	
说课内容设计：	

6. 新教师钢笔字、粉笔字展示

（钢笔字打印出田字格后，教师独立钢笔书写，内容自定）

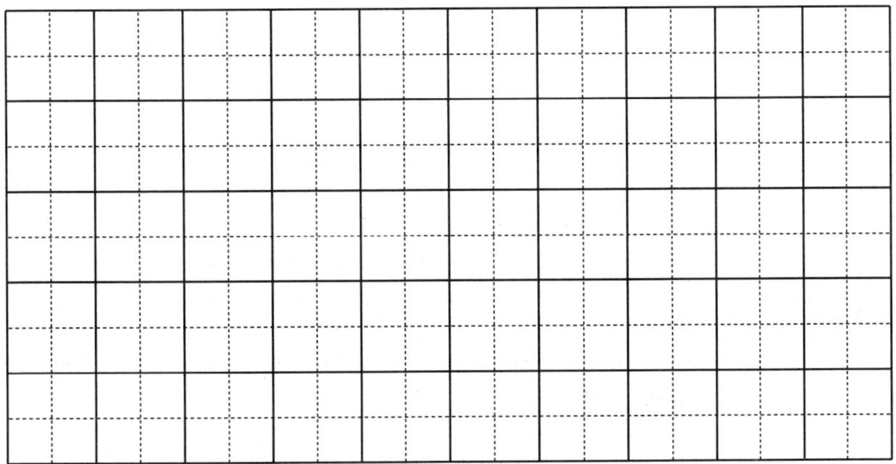

粉笔字展示（粘贴照片，对比自己前后的进步）

7. 新教师简笔画展示

动物	动物
植物	植物
人物	人物
风景	风景

（打印本页后，教师独立绘画完成）

8. 新教师读书心得

我的读书感悟：

9. 新教师教育案例

我的教育案例：

10. 对教师这一职业的认识——思考教师职业价值感与成就感

我的职业认识：

11. 教学的主要困惑及相关策略

序号	我遇到的问题	我的应对	应对效果
1			
2			
3			
4			

12. 学生管理方面的主要问题及策略

序号	我遇到的问题	我的应对	应对效果
1			
2			
3			
4			

13. 新教师磨课教案(本人执教)

教学内容	
教学设计：	

14. 新教师对第一年工作的总结与思考

<table>
<tr><td colspan="5">个人总结与思考：</td></tr>
<tr><td colspan="5">新教师试用期取得的成绩（请注明获奖时间、内容以及颁奖单位）：</td></tr>
<tr><td colspan="5">结对名师帮助新教师做的工作（不够可加行）</td></tr>
<tr><td>序号</td><td>时 间</td><td>地 点</td><td>内　容</td><td>效　果</td></tr>
<tr><td>1</td><td></td><td></td><td></td><td></td></tr>
<tr><td>2</td><td></td><td></td><td></td><td></td></tr>
<tr><td>3</td><td></td><td></td><td></td><td></td></tr>
<tr><td colspan="5">指导教师对新教师的鉴定意见：

指导教师签名：
年　月　日</td></tr>
</table>

15. 任职学校考核表（本页密封后单独上交）

<table>
<tr><td>单位</td><td></td><td>新教师姓名</td><td></td><td colspan="3">任教学科及年级</td><td colspan="2"></td></tr>
<tr><td colspan="2">项目(总分)</td><td colspan="2">考核内容</td><td colspan="5">考核成绩</td></tr>
<tr><td rowspan="2">1</td><td rowspan="2">师德修养(10 分)</td><td colspan="2" rowspan="2">热爱教育事业,积极参加政治学习,进取心强,有较好的师德修养</td><td>优</td><td>良</td><td>中</td><td>较差</td><td>差</td></tr>
<tr><td>10</td><td>8</td><td>6</td><td>4</td><td>2</td></tr>
<tr><td rowspan="2">2</td><td rowspan="2">参与培训(10 分)</td><td colspan="2" rowspan="2">认真参加区级和校级的各类培训,完成培训任务</td><td>优</td><td>良</td><td>中</td><td>较差</td><td>差</td></tr>
<tr><td>10</td><td>8</td><td>6</td><td>4</td><td>2</td></tr>
<tr><td rowspan="2">3</td><td rowspan="2">工作态度(10 分)</td><td colspan="2" rowspan="2">工作认真负责,有较强的敬业精神</td><td>优</td><td>良</td><td>中</td><td>较差</td><td>差</td></tr>
<tr><td>10</td><td>8</td><td>6</td><td>4</td><td>2</td></tr>
<tr><td rowspan="2">4</td><td rowspan="2">教育教学效果(10 分)</td><td colspan="2" rowspan="2">能顺利完成教育教学任务</td><td>优</td><td>良</td><td>中</td><td>较差</td><td>差</td></tr>
<tr><td>10</td><td>8</td><td>6</td><td>4</td><td>2</td></tr>
<tr><td rowspan="2">5</td><td rowspan="2">新教师听指导教师的课(30 分)</td><td colspan="2" rowspan="2">听课不少于 40 节。其中听指导教师的课不少于 20 节,有听课记录,听课记录内容充实</td><td colspan="5">听一节课并达到要求得 1.5 分,达不到要求的酌情扣分</td></tr>
<tr><td colspan="2">实际得分</td><td colspan="3"></td></tr>
<tr><td rowspan="2">6</td><td rowspan="2">指导教师听新教师的课(20 分)</td><td colspan="2" rowspan="2">听新教师的课不少于 20 节,并有听课记录,听课记录中要有对课堂教学的评议、分析,课后有指导体现</td><td colspan="5">听一节课并达到要求得 1 分,课后有指导得一分,共计 20 分</td></tr>
<tr><td colspan="2">实际得分</td><td colspan="3"></td></tr>
<tr><td rowspan="2">7</td><td rowspan="2">个人总结(10 分)</td><td colspan="2" rowspan="2">一年来思想、学习、工作情况</td><td>优</td><td>良</td><td>中</td><td>较差</td><td>差</td></tr>
<tr><td>10</td><td>8</td><td>6</td><td>4</td><td>2</td></tr>
<tr><td colspan="2">合计 100 分</td><td colspan="2">实际得分:</td><td colspan="2">校长
(签字)</td><td colspan="3"></td></tr>
<tr><td colspan="2">任职学校
考核意见</td><td colspan="7">(公 章)
年　　月　　日</td></tr>
</table>

16. 培训机构综合考核表

<table>
<tr><td colspan="2">姓名</td><td></td><td>性别</td><td></td><td>年龄</td><td></td><td>所教学科</td><td></td></tr>
<tr><td colspan="2">任职学校</td><td colspan="2"></td><td colspan="2">毕业院校及专业</td><td colspan="3"></td></tr>
<tr><td rowspan="5">培训机构考核意见</td><td rowspan="4">考核成绩</td><td colspan="2">出勤情况</td><td colspan="3"></td><td colspan="2">全勤、缺勤(　　)天</td></tr>
<tr><td colspan="2">作业情况</td><td colspan="3"></td><td colspan="2">按时完成、未完成</td></tr>
<tr><td colspan="2">理论考试成绩</td><td colspan="3"></td><td colspan="2">分数</td></tr>
<tr><td colspan="2">工作总结</td><td colspan="3"></td><td colspan="2">优秀、良好、一般、差</td></tr>
<tr><td>考核意见</td><td colspan="7">(公 章)
年　　月　　日</td></tr>
<tr><td colspan="2" rowspan="2">主管培训部门审核意见</td><td colspan="2">试用期考核成绩:</td><td colspan="3">分</td><td colspan="2">等级:</td></tr>
<tr><td colspan="7">(公 章)
年　　月　　日</td></tr>
</table>

第六节　做自己的主人

做自己的主人,不要人云亦云,坚定你想做优秀老师的意念和决心。选择了就要做一个最好的教师,新教师在工作的第一年就要有思考,找到与众不同的自己。做自己的主人不是随心所欲,追求自由自在、不受约束,而是有思考、有目标、有行动、有效果。

一、清晰认识自己

对自己的专长、优缺点要心知肚明,才能真正做自己主人,管理好自己。

二、明确自己的选择

时刻提醒自己:“做教师是自己选择的吗?”如果是,就坚定走下去,做好吃苦耐劳的准备。如果当初是别人为你选择的,就仔细想想你是否打算一辈子做教师,假如觉得不喜欢、不想做、也做不好,你就要早早考虑其他选择了,否则对己对学生都不是好事。虽然非自己选择,但是想做好,就踏踏实实做个好教师,不要这山望着那山高,因为教师职业不同于其他工作,教书育人,不负责任就可能毁掉一个人的一生。

三、定准自己的目标

明确自己的目标,并坚定地为之努力。自己的目标定得不要太低,轻松获得,会没有努力的感觉,容易让人丧失斗志;目标太高会很难达到,非常辛苦,还容易让人心情受挫。

四、合理评判自己的得失

认真研究教学方法和策略,明确学科教学的基本策略,对师父的评价虚心接受,同时也要思考,因为并非所有的评价都是最适合你的,你有你的设计,你有你的方法,可以多听听别人的建议,但是一定要把大家的建议和自己的情况有机结合起来考虑,适合自己的就采纳,不适合的不用考虑太多。要看到自己的提高与进步,做一个有自信、有追求、有思考的教师。

五、做一个行动者

教师要关注学生成长,为学生的一生负责。这句话说起来容易,做起来却很难,需要教师的爱心、耐心和恒心,需要教师有坚定的信念,更需要教师十年如一日的不懈努力。

在第一年,新教师可以从“三个一”训练自己的行动力。

一要养成一种习惯——读书破万卷。新教师每年至少要精读几本好书,并认真撰写读书体会。读书是一场心灵的旅行,生活里没有书籍,就好像生活中没有阳光;智慧里没有书籍,就好像鸟儿没有翅膀。教师要以书为伴,才能培养出勤奋学习、博览群书的学生,好读书将会让人受益终生。

二要体现一个特色——宝剑锋从磨砺出。人要有自己的特色,运筹帷幄才能航行天下。新教师要努力形成一种特色,为自己的未来教育生涯奠定基础。新教师要精心地选择适合自己的特色,坚持不懈地总结,有不达目的誓不罢休的精神,在后续的工作中还要认真钻研,不断完善,最终才会成就自己的未来。

三要把握展示自我的机会——海阔凭鱼跃。从工作第一年开始,新教师就要把握好展示机会。学校每年都有各种展示活动,有关于课堂教学的、有演讲、有沙龙等。新教师要善于抓住这些活动,培养自己的能力,力求每年有一次登台展示的机会,锻炼自己。这个机会可以是聚焦课堂释放精彩的一节研究课;可以是团队智慧碰撞的一次交流发言;可以是一节说课;可以是一次演讲等。

除了增加教育智慧,新教师还要持之以恒,还要用心思考,还要对教材烂熟于心。每一年教师都要用心看教材,准确把握学生,精心挖掘优秀经验。我们相信只要这样十年如一日地坚持,每一年在循环往复中升华,在每一堂课的环环紧扣中递进,在每一分钟的高效碰撞中积攒智慧,不断积累,在不久的将来,你一定会造就一个优秀的自己。

第七章

教学妙招

教学有法，教无定法，贵在得法。学习借鉴他人经验，可以避免走弯路，更好地实践发展，不断超越自我。

我们天天上课，那么到底怎样的课才是一堂好课呢？有人喜欢气氛热闹的，有人喜欢静心钻研的，还有人喜欢朴实无华的，各有所好。我最崇拜的是那种娓娓道来、看似平淡实则深刻的课，没有太多修饰，但每个环节都是精心设计的。叶澜教授的一番论述可谓是对一节好课最好的诠释，愿与大家共勉。

叶澜教授提出的课堂五个“实”：

一是有意义的课，即扎实的课；二是有效率的课，即充实的课；三是有生成性的课，即丰实的课；四是常态下的课，即平实的课；五是有待完善的课，即真实的课。

这一切需要大家通过日常教学用心研究思考，愿大家不断探索，都能找到自己的教学妙招。

第一节　教无定法 贵在得法

脚踏实地去实践是最好的方法。一次区域举行教学管理工作会，各位领导进行了经验分享，他们从不同的角度、不同的理解、不同的感受中谈教学发展的思考与愿景，谈教学策略的实施与思考，谈教学实践的具体做法与成效。

我们天天忙教学，日日思教学，时时讲教学，日复一日，年复一年，一代又一代教育人传承经验与教训，留下值得借鉴的优质资源。前人栽树，后人乘凉。到底如何做好教学？教无定法，贵在得法，这就需要教育人脚踏实地，潜心思考，用心感悟。

一、所思

（一）教学有规律

教学是有规律可循的，教学有法，教无定法，贵在得法。每个教学管理者，每位教师都有自己的特点，面对不同的班级、不同的学生，不同的教师采取不同的策略，这些策略各有所长、各有千秋。

（二）教学有路径

教师的主要工作是备课、上课、布置作业、辅导；再备课、再上课、再布置作业、再辅导,循环往复。每个环节都有自己的路径。备课备什么?上课有哪些技巧?布置作业有哪些是重点?如何辅导优秀学生和成绩暂时落后的学生?这些环节都有自己的途径可循。新教师把每个环节研究出自己的路径来,就会有不一样的收获。

(三)教学要坚守

教学经验、教学策略、教学方法举不胜举,其中总有适合自己的,但是我们缺少的往往是坚守,不能坚持十年如一日。教学不是常换常新,教学需要坚守自己的规范,自己的真理。教学要有自己的策略,任他东西南北风狂吹,你的优秀就是你自己的,对你有启迪的你就去借鉴,切忌常换常新总在改革,忘记了教学的本质。

二、所悟

不同的学校有着不同的教学管理特色,也存在着各自不同的问题。我做过多年的教学领导,走过几所学校,深知学校教学要发展,一定要有自己悟出的道理,并遵守它,坚持做好它。

(一)找问题

根据学校实际、教师实际和学生实际寻找教学中存在哪些根本问题。

(二)定策略

根据问题思考解决的策略和方法,每一个问题都会有它的解决策略,办法总比问题多。

(三)理规则

根据解决策略确定实施规则,细化每一步的程序和要求,学校、教师和学生都有具体任务。

(四)抓落实

一步一个脚印地走,看每一步是否到位,是否走得有效,是否需要调整。计划和规则,只有落实了才是有效的。

教学不是一日之功,需要几代人的艰辛劳动,需要一步一个脚印地前进,更需要不为名利的坚守。

第二节 指导学法的有效课堂

——《比例尺》复习课教学思路设计

一、精心构建本节课学习目标

复习课的形式多种多样,有展示知识内在联系的知识网络的复习;有对比相近知识、区别异同点的复习;也有侧重重点、难点知识的复习;还有一些知识串的复习。这节课是在学生已经学习了比例尺的知识,并经历了单元复习以及六年级的知识网络构建复习基础上的又一种复习方式。

(一)抓变式,找核心,以不变应万变

这种复习方法是抓住一类题的有关变式,进行分类归纳,并寻找一种以不变应万变的解题策略。老师要把自己的想法教给学生。平日我们教师备课时常常把本节课的相关题目进行搜集整理,看看课本、课外作业、单元试卷、相关练习册中到底有多少这类题目,再合并同类项,看看剩下多少能体现本质的题目。我们为什么不能培养学生学会这种方法呢?数学题千变万化,仅靠题海战术只能一定程度地提高学生的水平,但教会学生学习的策略则会使学生终身受益。本节课就在帮助学生学习掌握复习策略。

(二)建网络,明体系,了解知识前后联系

本节课一开始就开门见山直接揭示主题。我们已经研究了构建知识网络的复习方式(出示约数、倍数关系图),它便于我们了解知识间的内在关系。我们还研究了利用表格对比的复习方式(出示比和比例的表格图),它便于我们了解两种知识的区别与联系。今天我们再来研究一种新的复习方式——寻找相关题目变式进行分析归纳的复习方式。

(三)明目标,下任务,促进学生积极主动探索

教师提出三个要求,让学生根据要求合作探究学习。明确的目标任务,便于学生聚焦问题思考策略。

①寻找有关比例尺的题目。老师课前找出了课本上的有关题目。

②以四人小组为单位将这些题目用你认为合理的方法分分类。

③说出每一类题的解题方法,看看你的发现。

这三个问题,给学生划定了一个思考的路径和范围,既精准对标,又能预防思考时毫无边际的情况出现。

二、精心构建学习方法体系

①教师首先简明扼要地出示学习目标,提出小组自学研究的要求。教师进行学前指导后,要让学生带着问题在规定时间内研究指定内容,完成相应的学习活动。

②在小组充分自学研讨后,教师与学生、学生与学生之间进行交流,通过教师必要的引导,逐步达成讨论前的目标要求,这是本节课的核心。

③教师引导学生总结、归纳,由现象到本质,由特殊到一般,由实践到理论,形成以不变应万变的学习方法。从而让学生能够运用这一个公式解决所有与比例尺有关的题目。

$$\frac{\text{图上距离}}{\text{实际距离}}=\text{比例尺}$$

④教师要总结这种复习方法的研究程序,便于学生实践应用。第一步,我们翻看课本和学习资料寻找有关变式,看它们都为我们提供了哪些有关题目;第二步,我们进行分类归纳,看中心内容有哪些;第三步,我们总结解题策略,进行有关练习。(寻找相关变式——分析归纳重点——形成解题策略)

三、精心构建重、难点的当堂训练体系

(一)重难点练习

“当堂训练”是在学生先小组合作学习、再大组相互交流后进行的一定时间和一定数量的训练,目的是检验学生能否运用所学知识解决问题,从而帮助学生加深理解本节课的重点、难点内容。教师本节课的责任在教会学生怎样学,要充分体现以学生为主体,以教师为主导的作用。当堂训练的全过程是学生在教师的引导下自主完成的,这个过程是在师生边练习边订正中进行的,更有利于学生对知识的掌握。

（二）当堂检测

纵观成功的课例，当堂检测是一项很重要的因素。我们现在的课堂教学往往忽视学生独立做作业习惯的养成，许多时候由于教师课堂上讲得多，挤占了学生独立做作业的时间，他们的课堂作业都是在课间完成的。对一些学习成绩暂时落后的学生来说，一方面没有时间的限制，不利于他们学习效率的提高；另一方面也给了他们抄袭作业的机会。待到考试，他们高效不起来，成绩也提不上去。因此，本节课中应给学生 8—10 分钟的独立作业时间。

第三节　巧妙导入

——造就一个良好的开端

课堂导入方法多种多样，有情境导入法、故事导入法、以旧引新导入法、谈话导入法等等。教学导入没有特定的格式，没有特别的要求，它在教学中起着重要的作用，可以使学生一下进入最佳学习状态，或兴趣盎然、或带着探究质疑开始学习，教学导入用时少但效果好。因此好的教师非常注重课堂的教学导入，不是每个导入都适用每节课的学习，不同的课堂要有不同的导入策略，适合的才是最好的。

一、着力知识基础，探索学习方法，导入激发兴趣

既重知识又重方法，两条主线直切主题，导入激发学生兴趣。

例：《最大公约数》的学习是在学生已有公约数、倍数、分解质因数知识的基础上进行的，会为下面学习最小公倍数打下坚实的基础，是探索两个数之间关系的开始，比较抽象难把握。因此把握好知识间的内在联系，使学生经历探索两个数约数中蕴含规律的过程，自主寻求求最大公约数的方法，这样就能以旧引新，化繁为简，并有条理地讲述解决问题的策略。这个知识较难把握，因此导入很重要。

（一）激情导入，有效质疑设疑

引出方法线：回顾旧知，以旧引新，合作探索，形成新知。教师引导学生首

先对学习方法有一个明确的认识,并且更注重方法的运用。

寻找知识点:我们已经学完求一个数约数的方法,说一说,两个数的约数存在怎样的关系呢?(架设知识学习的桥梁)

(二)大胆猜想,激发探究欲望

教师:请大家大胆猜一猜。

学生可能猜:有的多,有的少,约数的个数不一样,可能有的约数是相同的。

教师提出疑问:两个数的约数蕴含怎样的规律?从中我们能掌握哪些知识?我们一起研究一下,看看谁能发现问题并解决问题。

学生总希望自己是发明者、创造者,这里充分发挥了学生探究的积极性,先让学生大胆猜想,再让学生以小组为单位进行探索。

导入看似简单,但是一下把学生引入学习的最佳状态,让学生对复杂的最大公约数有了兴趣,并且注重了方法线和知识线齐头并进。教师不单纯传授知识,更注重传授学习方法。

二、寻找生活事例,发现数学根源,导入理性思考

例:《用字母表示运算定律和公式》这节课,主要目标是使学生在已有知识的基础上,进一步提高对用字母表示运算定律和计算公式的认识;理解用字母表示数的意义;知道一个数的平方的含义及读写法;学会在含有字母的式子里乘号的简写和略写法。其实生活中处处有事例,学生耳濡目染,但是并不能用数学的思维来分析。本节课上,教师就是先搜集学生身边熟悉的事例导入,让学生产生兴趣,感觉不难理解,然后再进行学习分析,让学生体会用字母表示数的含义。

(一)教师引导点拨

师:有一首英文歌曲,名字叫《字母歌》,大家都会唱吗?

生:会!(全班同学一起唱)

师:让我们用26个英文字母拼写在一起组成单词。(出示图片:boy,apple)教师引导学生拼读并说出意义。

(二)启发学生自主思考

师:在数学学习和日常生活中也经常出现字母,课前已请同学们收集这方

面的信息或知识。谁向大家介绍你收集的信息或知识。

生:我们经常玩的扑克牌中 A 表示数字 1。

生:我们学过求未知数如 $x+5=9$。

……

教师认真倾听学生的回答,选择性地板书。

学生小结:根据以往的学习经验,字母可以表示不同范围的任何数或具体的个数,还可以表示一定的数量关系。

(三)展示实例,拓展思维

师:同学们,生活中这样的事例还有很多,我们一起来看看。(课件播放教师搜集的资料。汽车牌照图片:鲁 A……,鲁 B……;扑克牌、学校标志……)

(四)引入教学,进入探究

师:你能用含有字母的式子表示相关信息吗?请大家小组合作,比一比哪个组写出的信息多?(学生合作完成,教师巡视指导)

这个导入,紧扣学生已有生活知识,先给出一个启发点,引导学生根据自己的生活拓展,感受字母在生活中的广泛应用,让学生带着思考探究数学知识。这样的导入切合实际,使学生更加理性地思考数学问题,让学生强烈感受到数学源于生活,用于生活。

导入的事例有很多,只要用心思考,善于思考,导入也会成为你的教学至宝。

第四节　课堂机智在细处

有一天,因为要参观一所小学,早早就起了床。因为养成了晚上工作的习惯,早起总会让我感觉特别困难。我硬着头皮早早起来收拾好出发,坐在车上闭目养神,在汽车的摇摆中来到了一所寄宿制学校。

第一节听课,我还是选我的老本行数学课去听。随着人群分流,我走到了二楼三年级,听了一节《可能性》。授课老师让人眼前一亮。难得在小学遇到年轻还挺帅气的男老师,高高的个头,洒脱的动作,标准的京腔普通话,是一个阳光向上的男教师。

数学课上，学生们更是一脸的阳光，他们在课上积极发言，参与率高。整节课以游戏为主线，以扑克牌游戏轻松引出“一定、可能、不可能”三个关键词，再由学生按照要求向不同的袋子里装不同花色的扑克，以深化学生对可能性的理解。最后教师安排练习，内容涉及生活常识、小故事等。整节课设计得非常巧妙，效果也很好。

其中一个小细节引起我的思考。正当我听得很投入的时候，老师出了一组填词的题目，其中有一道：

没有水，人类(　　　)存活。

学生1：人类(不可能)存活；

学生2：人类(不一定)存活。

学生们争论起来，有的说不喝水可以喝牛奶，有的说可以吃水果。

师：没有水，牛奶、水果也只是短时间的。

这时有一个学生高喊：“可以喝尿啊！”他的声音混杂在大家的喊声中，由于声音很大，大家都听到了，他一定是个调皮的小家伙。老师对此没有反应，孩子又喊了第二遍，老师还是没有做出反应，于是小男孩执着地喊出第三遍。我一直想看看老师怎么办，这算是一个课堂机智考验。老师终于在听到第三遍后做出回应：“这个问题要课间在厕所里研究。”

遇到突发事件应该怎样回答，是一种考验。一开始教师没能答上来，是因为备课时没有想到孩子的思维可能性，没有预设策略。学生对水与生命的关系还不太清楚，他们的回答对教师来说是一种考验。有时一节课的成功不一定是从头到尾都成功，在几个关键细节上成功也是算这节课的成功，在细节中也能看出教师的功底，优秀教师和普通教师的区别就在于关键细节是否成功。

因此，教师需要加强备课中的问题预设。备课时教师要思考提出的问题学生可能如何回答，对每一种回答教师应如何回应。这样才会让教师有的放矢地处理问题。

教师应对“喝尿”是否可能存活的问题正面予以回应。我想之所以这个学生这样回答，很有可能是地震报道中自救故事起的作用。教师可以鼓励：你的想法真独特。然后教师再简单对自救的故事加以说明：在灾难的时候，一些自

救方式能暂时解决缺水的问题。但是能维持多久呢？人不吃东西能坚持 1 周，但是没水最多只能坚持 3 天，吃水果、喝牛奶、地震时喝自己的尿，都是暂时解决缺水的问题，但时间是有限的。人体离开水细胞不能存活，人的生命就不能继续了，所以大家要节约水资源。

教师传授知识的同时要教育学生，不要怕耽误课上时间，节约水资源的教育也可以从一道小题目自然渗透。课堂机智在细处，只有处理好每一个细小的点，教师才能够不断成长进步。

第五节　调动竞争因子　激发学习内驱力

——由学生 PK 赛引发的思考

教师教学生涯的几十年间，总要不断接手新班级，学生千差万别，班级各有千秋，如何尽快熟悉新接班级，有效提高教学质量是我们每个教师不懈的追求。我曾经接手过一个比较特殊的班级，当时我在学生学习中不断组织学习 PK 赛，充分调动了学生的学习积极性，起到意想不到的效果，由此引发我的深度思考——学生的潜能非常大，只要抓住其心、塑造其志、辅助其法就能收到意想不到的效果。

在与他们共同学习的 200 多天里，在不断地学习 PK 赛中，我们一起倾注着心血、倾注着汗水，我与这帮可爱的孩子们有了不解之缘，看着他们的进步，看着他们的成长，我的心情格外激动。下面我就此谈谈自己的一点想法。

一、深入了解，究析因源

接手班级后，我对学生进行了比较全面的了解，同时对学生前面所学知识的掌握情况也进行了摸底，结果让我这个工作二十多年的老教师着实吃了一惊——学生水平参差不齐，两极分化比较严重。有的学生学习态度不积极，课上表情漠然，课下调皮捣蛋；有的学生缺乏良好的学习习惯，作业应付了事或抄袭他人；有的学生知识掌握度不够且自暴自弃，做题时所有空都填上，数字运算符号随意组合，随意得数，至于对错就不再考虑；有的比较优秀的同学缺乏自信,对稍有难度的题目不敢入手,解题方法不够灵活。造成这一切的原因何在,我进行了认真分析。

(一)学生精力偏移

初带班级,见识了一群小精灵,有的好说、有的好笑、有的爱闹、有的爱叫,经常热闹非凡。课间一进班级,我感受到的是热烈的气氛。课下那开心释怀、无拘无束的心情释放随处可见,学生把精力多用于课间,课间耗费精力过多,导致课堂成了部分学生的休息时段,学生的这种精力偏移造成了课堂学习效率低,成绩不理想。

(二)潜能未能利用

一段时间接触以后,我才真正了解学生们。他们是一群团结互助的小伙伴,内心里储存着巨大的潜能等待爆发。班级给我最深的印象是团结,有事大家扛,有劲一起使,有的同学遇到困难,总会有人主动站出来,想要帮助他。他们遇事一致对外,之间互助的事说也说不完。可以看出这个班级的学生有着巨大的潜能,如果我能引导学生把这份潜能用于学习,那么他们一定能取得优异成绩。

(三)习惯还未养成

由于特殊原因本班任课教师更换比较频繁,一个教师的要求还未落实,就又换了一个新教师,这就导致学生的学习习惯没能养成,学生做事随意性强,课堂学习效率低,课堂作业拖拖拉拉,没有时间概念,边做边玩。有的学生家庭作业不按时完成,为交作业经常和班干部捉迷藏;有的学生有错题不主动及时改正,或者抄袭别人改完了事。时间一长,知识缺漏难以弥补,学生们更难养成良好的学习习惯。

二、寻找策略,激发竞争

要想短时间内改变一个班级,教师一定要有策略。我反复思考,对照原因,决定把竞争机制引进班级。当时社会上非常流行 PK 赛,我不妨把它应用到教学中,没想到还真是很有效。可见 PK 赛是一种激发内动力的有效手段。

(一)寻找共同誓言

抓人先抓心,鼓励出英才。为此,我们首先在班级确定大家共同的誓言,每

周一条，引领大家共同为之而努力，把学生的心凝聚在一起。“不鸣则已，一鸣惊人；不飞则已，一飞冲天！”“努力从作业开始！”“勤能补拙是良训，一分辛苦一分才！”“数学是锻炼思维的体操！”“用 2 分钟的时间做别人 10 分钟的事情，你就拥有别人 5 倍的时间！”。我们为自己的誓言艰苦奋斗，努力地抓住每一分钟，让每个同学为自己的梦想而努力前行。

（二）PK 赛五步曲

1. 建立组织

我首先将班级学生分成四个大组，合理搭配小组成员，形成 4 个 PK 团队，并把成员成绩记入各组成绩。组与组之间的 PK 对象主要以同水平为主，让学习成绩相当的小组相互进行比赛，即成绩暂时领先的学生对成绩暂时领先的学生，成绩暂时落后的学生对成绩暂时落后的学生，这样做可以确保比赛公平合理，同时也能激发学生的比赛热情。我们如果将成绩暂时落后的学生和成绩暂时领先的学生比，会使成绩暂时落后的学生可望而不可即，失去自信。但是成绩暂时落后的学生和成绩暂时落后的学生情况差不多，谁多努力一点谁就成功。

2. 培养管理者

教师力量有限，要发动学生管理学生，积极选择培养各组组长，做好对 PK 赛的管理。组长担负着本组的成绩记录，对本组成员的管理帮助等责任。因此要由乐于奉献，热心服务的人员担任，同时这对组长也是一次能力的全面锻炼。

3. 确定规则

课上赛：人人都要参与，以回答问题、积极辩论、课堂作业为主要比赛内容，每个成员都体现本组成绩，这样可以充分调动学生的课堂积极主动性。

课后赛：两头为主，利用课外活动比赛，成绩暂时领先的学生提升水平，成绩暂时落后的学生查漏补缺。

成绩暂时领先的学生 PK 拓展题，成绩暂时落后的学生 PK 基础题。每次每组各 4 名参赛成员，由组长选派参赛。题目设计应因人而异，并针对不同学生的知识缺漏情况来确定。评委由各组选派 1 人担任，负责交换监督批阅其他组参赛成员试卷，同时要把评委的态度进行换算，记入本组成绩，提高评委的责任心。优秀学生在比赛中的主动积极性会潜移默化影响全体，达到共同有效提高。组与组的 PK 要循序渐进,层层推进,才能达到最好的效果。

4. 创建模式

PK 环节设计应注重省时高效,体现照顾全体,因材施教的原则。教师好操作,学生易接受,方法易形成,逐步形成一种竞争模式,让学生在学习过程中享受成功的喜悦。

5. 有效评价

PK 赛的评价采用积分制,设有基本分和附加分。基本分主要由每日家庭作业完成情况、作业及时纠错情况组成,主要评价基本的学习内容完成情况。附加分主要由课堂辩论、成绩暂时领先的学生 PK 赛成绩和成绩暂时落后的学生 PK 赛成绩以及成绩暂时落后的学生的成绩提升度组成的。为使学生始终保持比赛热情,成绩暂时落后的组有机会反超,每月结束时各组分数清零,下月从头再比。

三、积极反思,促进成效

(一)态度转变,促进学生整体水平提升

PK 赛使每个学生不再只是一个个体,他们更是集体中的一员,PK 赛培养了集体精神、团结精神和互助精神。学生在比赛中看到自己的进步,体验着成功的快乐,大家的潜能得到充分挖掘,不再懈怠,注意力转向对知识的渴求。这时他们人人都在努力,整体也会得到提升。

(二)成绩暂时落后的学生带来惊喜变化

PK 赛调动了成绩暂时落后的学生的积极主动性。那个“写天书”的孩子,不再用数字和符号任意组合答案,渐渐开始了对数学题的思考。他知道了不懂要问,并乐于接受老师的帮助,还常常偷偷找老师问问题,课下找同学问问题。每一次的成绩提高为本组赢得加分成为他的荣耀,渐渐地他也能掌握基础知识了。在期末检测中他取得了非常好的成绩,引起了年级轰动,PK 赛让一个蛹蜕变成蝴蝶。

(三)付出终会有回报

学习 PK 赛充分调动了学生的竞争因子,激发了学习内动力。和学生朝夕相处的日子里,我为他们的进步欣慰,为他们课堂上精彩的小组辩论而赞叹,更

为平日课上此起彼伏的“这道题我还有一种解法”而乐。公开课上每位组长有秩序的指挥让观课者折服，这就是PK赛造就的一个崭新班级，学生从不发言到抢着回答，从不善钻研到乐此不疲地思考。每一个学生在自己的学习领域都有了很大的提高，这就是我们教师给予学生和学生回馈教师的最珍贵的礼物。

第六节　让写“天书”的孩子化蛹为蝶

教师在工作中，总会碰到一些特别的学生，或者智力相对薄弱，或者学习态度不积极，或者家庭教育跟不上，每一个特别的学生背后都有一个特别的家庭，有着特别的原因。

教育生涯中，我曾经遇到一个特别的学生小山(化名)。几天下来他令我深感意外，因为他写作业就像是写“天书”:奇怪的答案，毫无逻辑的列式计算，满满一张谁也看不懂。当我进一步观察，我发现他待人热情，很有礼貌，见老师总是及时问好，经常远远地就和老师打招呼问好；他热爱劳动，热心助人，班级的脏活累活都抢着干，从不叫苦；他很守纪律，上课从不讲话和打闹；他与人无争，和同学和睦相处；可是他就是不爱学习，学习成绩一团糟。他作业也会按时完成，但是作业有一点却是“与众不同”的，就是每次做试卷或者写作业，他都写得满满的，把试卷中的数学符号和数字组合起来随意使用，在判断题随意打上对错号，他的作业和试卷基本不用看，准确率几乎为0。我刚接手班级时进行过两次小测验，他居然都是0分，而这已是小学六年级，着实让我大吃一惊。

接手班级之后，我对他认真研究，为他倾注心血、倾注汗水。我单独设计作业，从口算能力开始抓起，引导着他一点点进步。最后在六年级质量抽测中，满分100分，他竟然得了89分，我心情格外激动。由此引发了我的深度思考:知识到底有多难？学生的潜能到底有多大？抓住其心、塑造其志、辅助其法可以看到意想不到的效果。下面我就此谈谈自己的一点做法。

一、摸清情况，分析原因

两次0分之后，我对小山同学进行深入的摸底了解，并与之前的学科老师进行沟通，找到同班学生进行了解，和家长进行谈话，也和学生本人多次交流，对他进行了几次相关知识面对面摸底，我发现他的智力不是差的，但是知识欠缺得特别严重，简单的20以内加减法口算都常常出错，乘除法、分数计算更不用说。他学习态度不积极，课上表情漠然，最主要的是他自己放弃自己了，认为自己根本学不会，老师讲的知识根本与他无关。作业对他来说应付一下就不会被组长和老师催促。

我觉得造成这种情况的主要原因是学生自己放弃，而且大家统一认定他学习特别差。他把精力都用于课间活动，一下课生龙活虎，对学习不屑一顾，认为自己不行，不愿意学习，只要是与学习有关的事情就自动放弃。经仔细了解，他并非一窍不通，其实学习还是有潜能的，只是没人去探究开发。他多年的数学成绩一直是班上倒数第一，被大家无形中贴上学习差的标签。

由于本班任课教师更换频繁，交接的时候多数老师只看之前的成绩，对他并没有进一步了解，就认定该学生的学习差到极点，无法提高。而学生本人也认为自己学习能力不行，知识根本学不会，因此也在自动放弃。再加上学生没有上课听讲的习惯，课堂总是当旁观者，思维在神游，课堂课后作业都回答得一塌糊涂，学生自然而然就无法进步了。

二、思考策略，多方帮扶

（一）暗中助力，让他品尝胜利的快乐

我常常组织学习成绩暂时落后学生的PK赛，小山同学是重点参赛者之一。我一方面给他补知识，另一方面调动他的主动性，我每次出的题目很少也很简单。每次赛前，我为了给他树立信心，会提前利用空余时间偷偷为他开小灶，给他反复练习讲解，让他掌握简单的题目，在比赛中有获胜机会。每次获胜，看到他腼腆、而又发自心底的笑容都让我很是欣慰。每天的家庭作业我都对他单独布置，从最基本的计算开始单独出题，每天单独批改，面对面讲解。我还让他一周一练，练习同一类型的题目，并会增加难度，让他掌握得更扎实。日复一日地查漏补缺中，渐渐地，小山对学习用心了，不再应付了，还能够有所思考。

（二）培养自信，鼓励表扬

以前很少有教师表扬他，但是现在只要有一点进步，我就在班级大力表扬

他。逐渐开始有同学也愿意帮助他，渐渐他不再用数字和符号任意组合答案，开始了对数学题的思考，知道了不懂要问，也乐于接受老师的帮助，还常常课间偷偷找老师问数学题，课下找同学问数学题，学习也有了自信。他每一次测试，成绩都会有一点提高，渐渐地他也能掌握基础知识了，在期末检测中取得了对他来说突破性的好成绩，引起年级轰动，这个蛹在老师的精心呵护、帮助下蜕变成蝴蝶。

每个学生能力不同，接受知识的速度不同，但是教师要相信学生都有潜能，教师要尊重学生的个性发展，因人而异地培养，学生会用自己的破茧成蝶诠释教育的魅力。

第八章

与学生相处

教师应该为学生的一生着想，要想想学生将来怎样一辈子做人，想想做一个社会主义好公民应该具有什么样的知识和品德。

——叶圣陶

与学生相处，严与爱相结合才是最好的方式！

与学生相处是一门学问，要严与爱相结合，规则与包容相结合，既要做学生的师长，还要成为学生的朋友，对不同的学生采取不同策略，只有适合学生发展的才是最好的相处之道。

第一节　把最珍贵的礼物送给学生

孩子的一生经常与礼物打交道，有父母的、亲属的、朋友的……从一出生就有各种礼物伴随成长。那么学校能给学生最珍贵的礼物是什么呢？我想那一定不是物质的，而是知识和创造知识的能力。最珍贵的也是最重要的礼物一定是超越知识、走向智慧、学会创造、学会认知的本领。排在第一的是品德，其次是能力，最后是知识。

良好品德是学生的人生底色。“人而无德，行之不远。”一个人没有良好的道德品质，即使有再多的知识，也无法成为大才，甚至还会成为歪才。因此教师应首先牢记立德树人的根本任务，带领学生先修德，明辨是非，踏实做人做事。

学会合作可以帮助学生应对竞争。能合作、会合作的学生，能够把能力发挥到极致，同时能帮助他人成长，实现共同发展。教师要从小培养学生的合作精神，从课堂上、班级中一点点培养。首先，在课堂上训练。学生在校90%的时间是在课堂上度过的，每位教师都要以抓好课堂教学为主渠道。其次，在合作实践任务中培养，让学生通过综合实践学习、小组合作探索、假期主题研究性学习等活动，主动与人合作，形成合作技能。再次，积极开展各种有意义的活动，训练学生合作学习能力，建立成长记录袋，展示学生精彩瞬间，记录学生成长过程中的一系列“故事”，让每个孩子看到自己在集体中的进步，体验合作成功的快乐，在这些活动中促使学生长本领、长智慧，训练出健康的身体、健康的心理、面对困难的勇气和积极阳光的心态。

学会学习也是给学生重要的人生礼物，它可以有效促进学生更新知识，迅速了解变幻莫测的世界。这些看不见摸不着的礼物，才是学生一生受用的本领。这一切需要教师去实践，去给予。有的礼物可以使人享用一时，而有的礼物可以则使人享用一生，教师要给学生最珍贵、最受益无穷的礼物。

第二节　我和我的学生

为师以来,我一直把学生当朋友一样看待,特别是学习成绩暂时落后的学生。只有把他们当朋友,他们才能放心接受你的帮助与教育。学习成绩暂时落后的学生因为经常出错,常常被不同的老师批评,最害怕和老师打交道,心里对老师总有一个防线,因此教师对学困生,应少批评多帮助。

我最初做教师的时候,比学生大不了多少岁,那时我年轻没有家庭负担,精力旺盛,一门心思把学生教好。当时我带班就像大孩子带着一群小孩子,和学生一起学习,一起玩耍。遇到学生父母工作忙辅导不了孩子的,就把学生当成自己的弟弟妹妹一样,多加关爱,每日看他们写完作业再走。有一次,天都快黑了,有个学生母亲还没有来接,当时还没有手机,我家离学校不远,干脆把学生带回家写作业。后来我放学后把学生带回家成了常有的事情,家长到学校没有找到孩子,自然到我家里来接,我和家长的关系也特别融洽。

那些年我们一起游遍济南市各大公园。我经常周末和孩子们一起去公园游玩,亲近大自然。那时候没有那么多的安全限制,班主任权力比较大。一个老师带着十七八个学生,一起集合,乘坐公交去公园。

一起去爬千佛山:那是初冬的时候,天有些冷,但是大家心里热情满满。一进山门,学生们就开始撒欢了,大家确定一个目标,看谁先到。一声令下,大家争先恐后跑起来,先到的挥手跳跃,给后面的同学加油鼓劲,我负责边跑边抓拍照片,留下每个精彩的瞬间。我们还坐在空地上开始联欢,每人展示自己的才艺,有的唱歌,有的朗诵,还有的表演对口相声。那一刻没有师生,只有伙伴,每个人的心情都很放松,我们的关系也更进了一步。

一起走进植物园:一个夏日的周末,我们相约去济南植物园,即现在的泉城公园。植物园里到处是可以玩耍的草坪,女生们撑起皮筋在草地上跳皮筋,我也加入她们的行列;男同学们则是趴在地上翻滚打闹,分组玩打仗游戏,输了就叠罗汉被压在下面,那个开心劲就别提了。

一起游览百花公园:那是一个秋天的周末,我们一起去了百花公园。大家

围坐在一起做游戏，输了就在圆圈中表演节目。玩累了，大家一起躺在草地上摆造型，一会摆成心形，一会摆成圆形，我站在高一点的地方拍照，力求拍个全景。看着一群快乐的小学生玩得开心，公园带孩子游玩的家长都凑过来一起玩。我们完全融入大自然，一周的疲惫辛苦荡然无存。

一起燃放烟火：过年的时候，我们常常一起放烟火，那时候还没有禁止放鞭炮，每到大年三十晚上，住在附近的学生们就会带着各种烟花，集合到一起喊我跟他们一起玩，一玩就是几个小时。我的家人常常不理解，其实这就是我对职业的热爱。这样，教师不自觉间成了学生的核心，学生事事想着老师，老师处处想着学生。

毕业分别的礼物：我与所带班级的学生一起学习生活两年，在六年级毕业的时候，我买了 60 多块手绢，每块手绢用水彩笔写上不同的姓名和祝福的话语，学生捧着手绢，泪水夺眶而出，对学校的热爱、对老师同学的不舍，都写在脸上。

每次外出我们都遵守定好的规则。集体行动遵守时间，几点集合几点结束严格规定，不让家长担心；还会互相帮助，一个都不掉队；还要注意安全，一个不能受伤。如果不遵守就取消本组外出资格，所以大家虽然放松玩耍，但还是非常注意团队精神。

这样和学生一起玩、一起闹，教师融入他们的生活，很好地走进学生心里，学生乐意听你的要求，家长也会更加信任你。但是这不是一味地放松玩耍，这些活动是对日常学生团队合作训练中成功小组的奖励。我们的奖励有严格的规范和评分标准，有学生专门负责每节课的管理，人人有事做，人人有责任，人人能监督；从课堂到课下，从学校内到学校外，管理规范细致，评价公正。

现在想来，满满的都是幸福回忆。

第三节　心中有学生

一直以来，我都把学生放在最重要的位置，时时考虑学生的需要，欣赏学生的精彩。做校长时也不例外，喜欢和学生聊天"宝贝"校长是学生对我的爱称。

做校长之后,事情多了,和学生在一起的时间相对少了,但是我依然非常珍惜和学生在一起的时光,从内心爱他们、关心他们,以帮助他们解决需要和困难为乐。这期间和学生打交道多数不是在课堂,而是在校园的每个角落。当时我的学校有一个阶段为方便家长开办了寄宿,有60多位外来务工人员子女每日住校,24小时在学校学习生活,我白天上班、晚上经常值班,和住宿的孩子们建立了深厚的友谊。很多孩子喜欢叫我“宝贝”校长,我知道这是孩子们发自内心的爱称。学生们年纪不大,又离开了父母,需要更多的关心和爱护,你真心待他们,他们也会由衷表露出对你的喜欢。孩子们总是问我,今天您值班吗?当我回答“是”,几个小姑娘总要高兴地跳起来,每次值班总要我抱一抱她们才肯罢休。现在领导班子成员增加一点,值班的周期稍长一点,在操场上碰到时,她们总是问,您怎么还不值班啊?其实我也没有特意做多少,只是把他们当朋友一样,真心关心他们,总是耐心给予帮助。孩子们能够感到你的真诚,就会回报以真诚。

第四节　学生的故事会

学校和教师要积极给学生搭建展示自我的舞台,长远规划学生的未来,从一点一滴做起,日积月累,学生会展示出自己的精彩。

为了锻炼学生的表达能力,我所在的学校利用周一班会课,举办学生系列主题演讲活动。每2个月一个主题,每周一次演讲训练,先在班级内进行海选,每个班级推选出2名优胜者在年级演讲,年级再推选2名优胜者参加全校的演讲比赛。经过层层选拔,各年级的优秀代表将展示自己的水平,教师、学生和家长代表做评委。

这对首次面向全校展示的学生来说是一次挑战,也是一次胆量的展示训练,学生不仅要能够熟练表达,更要有面对全校师生演讲的胆量。一开始总体还算顺利,孩子们虽然紧张,但还是一个个勇敢地站在台上。可是还是有一位小同学临阵害怕,不敢上台。这是个一年级的小朋友,她经过海选,代表年级组成为全校展示者之一,前期班主任在班里让她多次练习,家长在家也没少下功

夫,故事已经背得滚瓜烂熟,准备得很充分。这一天妈妈也一起参加活动,满怀期待,想看女儿的精彩表现。可是半天没有动静,不见人影从后台出来。我悄悄到后台一看,原来小女孩一看台下乌压压一大片人,害怕了,死活不上台,辅导员怎么劝也不听,正哭得稀里哗啦。孩子妈妈也来到后台,我们决定调整顺序,让后面学生先讲,让妈妈陪伴一会,等小女孩情绪平复点再上台。一直到最后,小女孩还是没有勇气站在台上,我们就结束了第一次演讲比赛,但是相约给她单独留好下一次名额,只要她还愿意讲,就一定给展示机会。两个月后,我们换了主题,小女孩准备了新的故事。又到比赛这一天,班主任、校长、辅导员都来鼓励她。我们把她排在中间,先看看其他人比赛适应一下。终于到了小女孩上台,我着实捏了一把汗,只见小女孩大大方方走上台,给大家敬礼,开始讲起来,自然流畅,一点没看出紧张。小女孩一定经历了两个月的训练,不断克服胆怯的心理,最后成功迈出勇敢的一步,相信以后再遇到这种场合就不会害怕了。

没有哪个学生天生就优秀,每个人都需要不断学习锻炼,需要在经历中成长。学生遇到困难的时候需要鼓励,也需要训练,失败的时候更需要老师家长的关怀和支持。故事演讲会成为学校的靓丽风景线,更是对学生胆量和口才的综合训练。通过海选给每个学生锻炼的机会,再让选上的学生在全校展示,让优秀者更优秀,这才是举办学生演讲故事会的真正意义。

第五节　带符号的点名册

知己知彼,百战不殆。教育学生亦是如此。教师要了解学生,才能有的放矢地关注不同学生的发展。

一、虽然刚见面,我已认识你

至今仍清晰记得我去师范学校报道的第一天。那天,校长站在校园门口迎接新学生,一见我就直呼我的大名。要知道我的姓比较少见,很多人都不知道如何读,可未曾谋面的校长不仅认识我,还直呼姓名。后来,经我观察,他能叫上每个新生的名字,让我敬佩不已。之后,我渐渐明白一开始迅速认识学生也是教师的一个基本功。这位校长要求我们未来做教师的时候，为了更好地管理，要在第一周迅速认识每一个学生。教师接新班级的第一件事往往就是迅速认识每一个学生，最常用的方法是做一个点名册，即座次表。按照座位写上学生姓名，贴在教师备课本上，第一节上课就可以对着座次表点出学生姓名。

二、有特殊标记的座次表

学生都有差异，随着年级不断升高，学生间出现了差距。差距逐渐明显后，就会出现一些学习成绩暂时落后的学生。由于知识的欠缺，他们对学习越来越没有兴趣，加上常被教师批评，被家长埋怨，他们不愿学习，上课走神成为常态，甚至开始厌学，出现恶性循环。

教师要了解每个学生的不同状态，在课堂上有针对性地查漏补缺。有经验的老教师常常接新班级的第一项工作就是走访曾经的教师，了解每位学生的学习情况，如学习成绩、上课听讲、作业完成情况等，并用不同的记号标注。每一节课，关注不同的学生，就可以精准对应学生的不同情况进行处理。

有了这些符号，课堂上、作业中，教师就可以特殊学生特殊对待，缺什么补什么。日积月累跟进，学习成绩暂时落后的学生学好基础知识也不是难事。

做一个有特殊标记的座次表并不难，难的是教师的用心，难的是对学生准确的了解，难的是根据学生特点制定相应的应对策略，难的是教师能够坚持一贯在自己的课堂上因材施教、因势利导，并坚守教育人的耐心和爱心。用心尝试，一定会有意想不到的收获。

第六节　记一次家长会

——借学校之力发展自己的孩子

和学生打交道就不可避免地要和学生家长打交道，每个学生背后都是一个家长群，有爸爸妈妈、爷爷奶奶、姥姥姥爷，甚至其他。家长对孩子教育的关注可以说一直是空前的，孩子教育问题永远是家庭的头等大事。

我做了多年的老师，同时也是名家长，深感孩子的教育有很多的学问。学

会和家长有效沟通对教师的职业生涯发展至关重要，其中召开家长会是一次集体沟通的重要活动，开好一次家长会，不仅能树立教师在家长心中的地位，还可以合理引导家长的教育策略。下面是一次家长会的讲话稿，期望能给年轻教师带来启发。

家校是教育孩子的共同体

家长是舵手，指引孩子发展方向；老师是船员，为学生发展增添知识和才能的力量；孩子是动力源，主宰自己的发展速度和发展水平。进入高一级的学府将换一艘船再次扬帆远航，有新的船员载着孩子前进，但孩子内心的主动学习欲望是发展的根本动力。

在学校这艘船上，我们需要共同努力推动孩子的发展，家长们要学会借学校之力。

一、借教师之力发展孩子的学业水平

家长想让孩子将来干什么，孩子将来适合干什么，家长心里要非常清楚，要为着既定的目标努力。但不论目标是什么，任何一个孩子都不能放弃学业，学习是一切的基础，就像盖楼的地基一样，万丈高楼要有牢固的根基。没有知识，发展就没有后劲，因此应时刻关注孩子的学习情况，鼓励孩子要有吃苦精神。

二、借教师之力辅导暂时掉队的孩子

学校原则上都是不让一个学生掉队；对一个家庭来说，孩子更是100%的希望。老师们会特别对学习上暂时落后的学生给予偏爱，特别是到期末复习之前的一段日子，孩子们知识学得多了，遗漏和问题也就多了，这时老师们常常留下一些学习成绩暂时落后的学生单独辅导功课，这就是一次很好的借力机会。有的家长就非常智慧，很好地理解与支持学校，遇到孩子在学校留下辅导功课，常常耐心等待，从不埋怨因此晚回家，因为他们非常清楚，一旦学生掉队了，到了新阶段就会差距越来越大，就要花更多的时间和精力，提升的效果还不一定理想，何不借学校老师之力及时跟进，辅导自己的孩子。家长如果没法自己辅导后进的孩子，那就支持教师辅导，在外耐心等待孩子辅导结束，或者等待时在一

旁看看报纸，与其他的家长聊聊怎样抓孩子学习，切忌总是站在学校老师对立面思考问题。

三、借各类活动锻炼孩子的能力

孩子不能不学习，不学习将来没有发展。孩子也不能只学习，参加一些有意义的活动也非常有助于锻炼孩子的能力。

不要怕活动多影响孩子学习，每次活动都是一次锻炼机会。你想，学校组织了一个赛场锻炼咱们的孩子，还有老师帮助指导，帮孩子化妆，帮孩子练习，帮孩子找感觉，帮孩子改不足，多难得的锻炼机会！

例如：六年级的一名同学参加市里的英语大赛。第一次成绩一般，但是积累了经验，后来又参加了第二次比赛。第二次再参赛就大不相同，有了第一次的经验，更加自信洒脱。最后获得济南市亚军，山东省第六名，还获得最佳发音奖。

再如：学校五年级有一名同学，参加区里法制会演。家长非常支持，每次比赛都配合学校精心练习，认真指导，他父亲还亲自请假来参加孩子的比赛。这就是借助学校力量，帮助孩子成长。

家长学会借力发展孩子，家庭受益、孩子受益，我们何乐而不为？

第九章

成长故事

业精于勤，荒于嬉；行成于思，毁于随。

——韩愈

任何成功都不是一蹴而就的，需要日复一日持续努力、不懈奋斗、不断积累来实现。

没有无缘无故的优秀,没有天上掉馅饼,因为你努力,机遇才会对你刮目相看。在教育的道路上,从来不乏努力的身影,有些刚开始时并不起眼的老师,能吃苦,敢于拼搏,关键时候豁得出时间和精力,后期就能迅速成长起来。在这里我给大家讲述我亲身见证的一线教师的成长故事,我们从中体会丑小鸭变天鹅,普通教师蜕变成区域骨干的故事,每个成长故事都是我们成长最好的参照。

第一节 人的潜能是无限的

人的潜能是无限的,平时可能看不出,但有时候会在一种特定的环境中被激发、被逼迫,从而爆发出无限可能。下面是发生在传统文化种子培训班的教师故事,一个普通教师在逼迫中成长为一个自信大气的骨干教师。

种子教师在每次课堂学习的后期都会进入实践环节,有一个文化与教育教学融合的展示环节,每个人用五分钟时间介绍自己的文化实践,并配合课件表达。其中一个中年教师设计的文化与学科融合的案例引起大家的思考。

老师穿着很朴素,平常上课总是默默听讲,不善言谈,大家对她没有多少印象。这次人人展示可以说逼着每个人去思考,去展示,她才有了这个亮相的机会。她的思考有一定深度,看来是个内秀的教师。经过评委一致讨论通过,由于内容设计新颖独特,她的课例确定参与最后的结业环节展示。当我通知她参与展示的时候,她表现得很紧张,用各种理由推脱:我没有参加过这种大场合发言,我不行,您还是换个人吧!我回复:没关系,不能换,尝试一次就好了,你一定没问题的。我们晚上加班进行第一次模拟,轮到她的时候,她几乎一直低头对着稿子念。大家对她的设计提出一些修改建议。她再次提出想退出:我找不到感觉,不知道如何修改,您换个人行吧?我回复:不能换,没关系,大家帮助你修改。于是团队成员一字一句地帮她修改,每一处,老师都很认真地记下来。她说:我还没有理解,回去自己好好消化一下,下次我再讲。看得出她心里还是很矛盾,被逼无奈的感觉。第二次模拟,老师又说:我没法脱稿讲,可不可以拿着稿子讲?我回答:没问题。其实我坚信经过多次练习,老师一定能脱稿,现在需要的是放下心理负担轻装上阵。我们经过一次次的修改,一轮轮模拟展示练习，最终所有的教师都脱稿展示，她也不例外，信心满满，大方自然地在200多人的报告厅侃侃而谈。我们为了留下大家的精彩瞬间，将教师的展示录制成视频，她不断回看找问题，精益求精，终于成功完成第一次录制。看到她的成长与变化我很感动。

第二天，老师又打来电话，起初我认为是终于结束，她如释重负，想给我说说。结果老师说："我可不可以重新录制一遍，我觉得不满意。"我虽意外，但是很爽快地答应："我看了觉得挺好啊，当然可以重新录制，我马上安排。"我坚信每多一遍练习一定又是一次成长。

第三天，一个靓丽的身影让我吃了一惊。是她吗？换了新发型，买了新西服，简直太棒了。她看见我有些不好意思，但是满眼都是自信，当初那个内秀含蓄的教师彻底改变了。重新录制的效果当然更是精彩。

一段时间后，我们再次相遇。老师很开心地和我聊起来："上次展示活动之后，办公室老师们都说我变了，我现在很愿意和大家分享自己的观点，有好的策略方法就及时在办公室告诉大家，我觉得这样真的很好。"

老师的潜力是无限的，在逼迫中可以激发出潜在的能量，展现出不同的自己。有时候我们会有任务压着，被迫做一些艰难的事情，但是这也是一种成长机遇，遇到了一定不要放弃。只要努力，就没有什么不可以。一个朴素无华、不善言语、喜欢默默钻研的中年教师，就这样慢慢在一次次的磨炼中，成长起来！

第二节　相信自己，一定行

小玉是个刚刚工作一年多的新教师，很有才气，在一所师资力量薄弱的学校任教，身边缺少有经验的师父引领。这次我们选她讲语文中的文化思考板块、是因为小姑娘文笔不错，教学很努力，但是没有人指点，想给她一次锻炼的机会。她很紧张："我担心给大家拖后腿。"起初她总想打退堂鼓，准备得不充分，几乎不知道如何备课，如何讲解。我们团队首先给她做思想工作，有的推心置腹地谈这次参与对她未来成长的帮助作用，有的手把手地带她梳理文稿框架，有的指点她课件设计修改方法，可以说是全方位的再造。

第一次团队交流之后，我们单独留下小玉进行多对一辅导，对着文稿一处处分析。为了让她弄明白，我们找来别人的案例对比讲解，改完一段展示一段；她在台上讲我们在台下听，一句话、一个语气、一个动作都要训练，练好一段，再练习第二段……

第二次交流，小玉真是有了翻天覆地的变化，虽然教案全部推翻重来，但是这个聪明的年轻人很好地领悟了意图并恰当运用，相信回去一定是下了不少功夫的。年轻人缺的不是智慧，而是经验和干劲，当大家把经验传授给她的时候，她就如海绵一般吸纳储存，再变成自己的新智慧。之后每一次练习小玉都是突飞猛进。最后她在全区展示会上精彩亮相，让大家刮目相看。

这次训练为小玉日后的教学竞赛打下坚实的基础，她在区域教学新秀、教学基本功比赛中相继取得优异成绩，成为学科骨干教师。小玉不仅学会了方法和策略，更体会到这次磨砺带给她的最大收获是学会如何思考与实践，更体会到凡事要相信自己、挑战自己。

如果没有这次磨砺，我们不知道这个年轻人还需要努力多少年才能展现出她的才能，或许一直还会觉得自己不行，不敢尝试。其实每次磨炼都是最好的机遇，不退缩，不怕难，相信自己一定行！

第三节　天上会掉馅饼的

小文（化名）老师工作已经有一段时间，刚工作的时候我听过她一节课，觉得她是个素质不错的年轻教师。当时评课的时候因为她特别喜欢提问题，我对她印象很深，她对自己的思考能够和盘托出，对给她提出的建议不理解就不断追问，我预测她应该很快就能成为非常好的教师。

之后好多年我们没有交集，在这次的活动中我们再次相遇，她的孩子已经上幼儿园，但她还是个非常普通、默默无闻的教师，在学科领域中还没有显示出优秀来。我问她这些年有没有上过公开课。她说，整个学校班级少，这个学科就她一个教师，没有人可以一起进行教研活动，有问题也没有人可以问，这些年都是自己研究，自己摸索着上课，也不知道自己的水平如何。她非常珍惜这次教学研究的机会,我深深感动于她那种如饥似渴的学习欲望。我们的研究为了不影响学校正常教学,都放在下午下班以后的时间进行。我问:孩子怎么办?她说:放心吧,都安排好了,好不容易有人一起研究,可要好好珍惜。为了能够让她提高得更快,我还单独给她安排了一对一的加餐指导,她及时给我留言,把新修改的教案发给我再看,并说明新修改的地方和修改的意图。每次沟通我都深感她对学习的渴望与珍惜。

小文老师非常下功夫,每一处都反复练习,对设计环节烂熟于心,从语气到动作都俨然是一个成熟的优秀教师,活动中表现非常精彩。活动结束之后,她给我留言:这是我工作以来第一次经历这样的打磨,我从来都是自己闷头思考,团队带给我的是一次跨越式提高。感谢大家,我感觉这次真的突破了自我,虽然不是很优秀。我回复:已经很棒了,相信后续再有活动,有了这次的经验,就会无往不胜。她激动地回复:我真的没有想到我能在这么大的场合脱稿汇报,我以后会更加努力的!

又过了一段时间,我们再次相遇,她调到一所规模比较大的学校工作,已经是骨干教师,再也不用担心没有人一起教研。她很激动地告诉我:真没想到,原来天上真的会掉馅饼,我这是被馅饼砸到头了。我笑着说:这个馅饼是你自己做的,只要拼搏用心,就会有好的机遇。其实很多机会都是自己创造的,敢于拼搏,不懈努力,运气就不会差。

第四节　我不想参赛,他们都太强

这是小雨(化名)老师的成长故事。她是一个工作多年的教师,参加过几次区级比赛,都没有收获。看着别人获得较好名次,她有些气馁。那时我刚调到这所学校,恰巧遇到区里课堂教学比赛活动,第一步当然先是自愿报名,学校年轻人不少,但是一个报名的都没有,我很纳闷。以前的学校都是老师们抢着参赛,先要校内选拔一下,才有机会参加片级初选赛,胜利者再参加区级比赛。

我找了几个年轻教师问他们为什么不愿意参加比赛。他们回答说,人家老师都太厉害了,我们片上比赛都冲不出去,根本没有机会参加区级比赛,每次都

白忙活，白费力气，不想去折腾。我很疑惑，看着教师们素质不错，怎么就冲不出片级比赛呢？我问：你们前期怎么准备？回答：自己备好课去上。我问：前期试讲几遍？回答：一般试讲一遍，最多试讲两遍。我问：试讲的时候都有谁参与？回答：教研组长或教学领导，听了给我们提提意见，我们自己回去修改后参加比赛。我明白了，这是还没有形成团队合作研究的氛围，基本上是单兵作战，赛前功夫不够。于是我问：谁愿意再试一次？我帮助你备课研究。经过动员，小雨老师说：要不我就试试。

我很开心，并打算通过小雨老师参赛训练的过程，给学校的青年老师们上一课，让大家体会一下团队合作的力量。我同时找了 4 个同学科年轻教师一起参与全过程，并告诉大家："今天你帮我，明天我帮你，一个人努力变成多个人努力，大家就可以一起成长。"

第一步，先选好教学内容，一起看本节课课程标准要求，再看教学参考，从导入环节开始研究，然后到新授环节，再到练习环节，最后到拓展环节，大家分头先查阅资料，之后我们一起研究教案设计。

第二步，第一次试讲，初步探寻路径方法。设计出教案后，我们进行第一次试讲，团队 5 个教师一起参与这次试讲活动，大家一起听课，并做好记录，觉得哪里不合适就记下来，再想想如何修改。试讲结束后，我们在会议室一点点研究，先看整体效果，再一个环节一个环节地剖析，特别是看每个环节有没有更好的思路。团队的每个人都绞尽脑汁想办法，不断拓宽思路，从教具设计到环节设计一丝不苟地研究，直到大家都觉得满意。不知不觉天已经黑了，已经下班一段时间，有的年轻教师家属不放心，还送来面包和火腿肠。

第三步，多次试讲磨出最佳策略。之后我们对不同的设计思路都反复研究，并通过课堂教学验证，力求寻找最佳策略方法，多遍下来，大家经过深入研究，找到了公认相对较好的策略，参与的每个人都对这节课的每个环节耳熟能详。教案设计已经变成集体的智慧结晶。

第四步，空讲练习，熟能生巧。教案经过多轮打磨定下来，为了让执教老师对教案能够自如地掌握运用，我们开始空讲练习。放学后在教室里，教师站在讲台上，假设有学生在，开始一个环节一个环节地模拟上课，我们坐在下面时不时扮演学生回答问题；上课教师练习累了，下面听的年轻教师就上去模拟一段，大家很辛苦,但是很开心。

第五步,正式登台,团队出战。到片级参赛时间,参与的几个年轻人有的负责带学生,有的负责拿教具,有的负责看场地。如此努力,可以预测会成功,果然片级比赛顺利通过,大家着实激动了一番。等待区级比赛的期间,我们不断精益求精,因为是各片优胜者参赛,应该是高手过招,但是有团队共同努力,大家也是信心百倍。终于迎来区级比赛,教师自信满满、胸有成竹,虽然不是自己的学生,但是试讲多遍自然没有问题。最后,我们取得一等奖的好成绩。

之后,我们团队一起总结,大家明白,并不是别人都太强了,而是我们前期下的功夫不够多。一节课,让多位教师同时成长起来。有的老师开心地说,下次该轮到我参加比赛,你们再一起帮我。大家开心地说没问题,一个个来,大家都有机会。

一个人的智慧是有限的,但团队智慧是无穷的。善于合作,在团队中共同努力,人人出力,遇到机遇敢于吃苦,不惧困难,你就会成为最强的奋斗者。

第五节　三次刻骨铭心的磨课

这是小德(化名)老师的成长故事。作为一名新教师,能够组织内容充实、生动有序的课堂是十分重要的。而磨课就是教师快速成长的绝佳机会,能够帮助我们在教学中举一反三,弄明白如何设计教学、如何上课……这是一个琢磨加顿悟的过程。

入职以来小德老师非常努力地研究课堂教学,研磨过家长开放周展示、组内同课异构研讨、校新教师展示、校班队会展示、区域内新教师展示课堂、一师一优课以及区域微课制作等多种课例,渐渐成长起来。曾经有三次磨课令她印象最为深刻。

第一次,是新教师试用期区级磨课《端午粽》,她可以说是紧张忙碌、手足无措的。在师父们的引领下,她一步步紧扣目标想方案,针对学生明教法。师父们说的问题和方法,她边听边记,但常常因为教学储备不足、和师父差距过大而不能完全理解。起初试讲下来,整个人是迷迷糊糊、懵懵懂懂的状态。

就在这不断的摸索和实践中，她前前后后总计修改了12稿，一次次试讲，同级部班级用完了，就联系外校试讲。最后讲完了，她对师父的教导恍然大悟。

第二次，是区级一师一优课，她参评语文课《枫树上的喜鹊》。这次她抱着勇于尝试的态度报名参加，开始没有抱太大希望，但在全力以赴的准备下，有幸被推出参赛。此时她有了2年的工作经验，对教材也比较熟悉了。但是这毕竟是比赛，要求高，要有深度和创新。

在磨课中遭遇瓶颈的时候，她选择先放下手中的稿子，回家把网上所有能够找到的有关这一课的资源都查阅了一遍，将内容整理下来，用不同颜色标记出每一堂课在环节处理上的优点。再结合自己的课堂实践和学生现状，思考设计出自己的亮点，根据每次试讲后学生的课堂反馈以及指导教师的建议，勇于突破，确定最合适的教学呈现方法。最终这堂千锤百炼的课有幸由区级推选，荣获市一师一优课二等奖的成绩。

第三次，是一节文化微课《初读不识诗中意，再读已是诗中人》。这次是参加区第三期文化种子班学习，最后实践阶段人人出一节微课展示交流，她有幸入选参加结业典礼展示，深知自身与优秀教师相比能力欠缺，于是又开始了新一轮的打磨。这次磨课不同以往，是对于纵向教学的思考，研究如何通过一堂古诗词教学，类推同类型课堂教学。她开始了家、学校、教研中心三点一线的日子。最终功夫不负有心人，本节微课获得了山东大学国学大学堂优秀文化微课一等奖。她还参与了区域培训资源录制工作，做了一回主播。

三节磨课都令她记忆犹新，但是每节课的收获不同。回味起来，第一节磨课，她作为新教师懵懵懂懂模仿上路，跟着师父的步伐慢慢摸索。在第二节磨课的时候，她已有一定教学积累的基础，有了自己的思考，去看多家名师的课的时候，已经会初步分析同一个环节如何导入、如何新授，谁的方法更适合自己，而且找到了自己的创新点。第三节磨课让教师发现，语文的课文有很多，我们要一类一类去研读，把某一类研究透彻，成为一个范本，就能够举一反三类推到其他的文章。

这三节课带给小德老师的冲击是非常大的，让她学会了很多。建议新教师在今后研究课的过程中，也要学会模仿上路、教无定法、类比研究。

第六节　不能哭鼻子，这样别人就不好意思找缺点

这是小南(化名)老师的成长故事。小南老师是一个要强的老师,工作努力上进,乐于助人,在老师中的威信很高。她教学成绩也不错,但是没有参加过区级公开课,也不算是骨干教师。她的教学一板一眼,很遵守规则,缺乏创新,缺乏趣味性;课上教师讲解多、学生主动探究少,一问一答多、学生独立思考少,久而久之虽然看似成绩好,但是对学生的数学思维发展不利。

终于区里有一次研究课的机会,我打算借此锻炼一下她,拓宽她的教学思路。她接到任务很高兴,她用心准备,很自信地进行第一次试讲,一环一环讲下来,是一节扎实的课。但是作为研究课而言,需要有高度、有深度、有创新点,要有借鉴作用,这样上毫无新意,也不符合新课程标准的要求。数学课不应只传授知识,更重要的是培养能力,这在这节课上几乎没有体现。于是我根据以前评课的惯例,为了省时间没有考虑教师的感受,直接聚焦找问题,尽快寻找最佳策略。小南老师一直都是被大家认可的教学成绩优秀的好教师,很自信地上完课,听我说了一大堆问题,感觉很委屈,眼泪止不住流下来。我赶紧话锋一转,开始找优点鼓励她。这是个从没有被否定过课堂的教师,多年如一日认真教学,很爱面子。看着她泪水不断的样子,我悄悄让她的好朋友帮忙说一说,让她回去平复一下,然后我们明天再说课。

经过好朋友的劝说,第二天,小南老师怯生生地来了。我改变策略,先谈心,让她体会到自己的主要问题是方法,让她体会到自己真正的问题不是不努力、不认真,而是研究的方向和策略没有考虑学科的特点。我们聊了很多,最后我坦诚地说:给你找问题的时候,不能哭鼻子,这样我就不好意思找问题,总考虑你的心理承受力,会影响我们后续的改进。她不好意思地低下头,表示一定要坚强。我试探着找了一些问题,让她慢慢修改,不用急于求成。

经过一段时间的沟通交流,聪明要强的小南老师领悟得很快,我们的课堂研究进展越来越顺利,最后在区里一炮打响。

不久以后有一节市级研究课,因为上次的课上得精彩,区里直接确定小南

老师执教市级研究课。我们开始第二次的课堂研究，第一次试讲之后，刚坐下来，她就笑眯眯地对我说：直接说缺点，我现在脸皮训练出来了，不会哭鼻子的。大家都笑起来，毫不留情地找问题。很快小南老师成为区域骨干教师，后续评上了教学能手。

其实，教学中常常是旁观者清，当有人给你提出问题的时候，要敢于面对，多方听取他人建议，不断用心领悟，别人才会不吝赐教，你就能更多受益，更快成长。

第七节　今天你帮我，明天我帮你

“今天你帮我，明天我帮你”，这是一种精神，更是一种团队协作发展的氛围，还是一种教学研究的境界。近日来，区域组织教学能手的评比，每位教师确定课题后仅有 24 小时的准备时间。这是为了考验教师的平日功底，考察教师的备课能力，更考验教师的课堂应变能力，看谁更具备教学能手的水准。

本次，学校有 6 名选手参加角逐。区域参评的教师实力都很强，我们时间有限、精力有限。为了在最短的时间发挥教师最高的水平，我们提出了“今天你帮我，明天我帮你”的号召。教学能手评比不再是个人的事，而变成团队的事。第一个尝试实践的是小徐老师，她是周日拿到课题，周一下午上课，大家周末休息日没有学生的牵挂，同学科的几位骨干教师来到学校全心帮助她一起研究。有的查材料，有的做课件，有的研究设计思路，把一个人要完成的纵向任务变成横向同时进行，提高效率，节约时间。晚上近八点时，教案的思路设计就基本完成，配合课堂使用的课件也已经基本完成，小徐老师晚上回家还有时间进一步分析钻研教材，思考教学步骤，熟悉教学每个环节。周二更是忙碌的一天，有三位教师抽到课题。大家把相关学科教师分成了三组，数学领导带一组数学的，语文领导带一组语文的，教导主任带第二组语文的。这一晚十几位教师参与其中，气氛真是紧张，同学科的老师都跟着一起分析教材，退休返聘的经验丰富的老教师也留下一起研究教材。有的小组一直到晚上十点钟才结束；有的教师干脆住在学校，第二天直接去参赛；还有的教师家属也参与做课件，大家的合作精神让人感动。

此时大家已经不在乎结果,仅这个过程就已经让大家感动许久。这是最美好的,也是最快乐的。在这个过程中,讲课教师享受大家给予的帮助,帮助者同样收获了智慧快乐,每个人都有了新的感悟。

可以想象,比赛的结果一定是令人满意的。活动结束之后,一位参赛教师真诚地表达自己的感激之情:“我工作十几年,从来没有体会过以这种方式参赛,多数的时候都是单打独斗,时间不够用,忙得筋疲力尽,还不能令自己满意。团队带给我的是最快的提升,也是最大的成长,每个人贡献自己的智慧,同时也互相吸取经验,在这个过程中所有的参与者的竞赛意识和团队精神都得到了训练。以后有老师参赛,我一定会积极参与,全力以赴贡献自己的智慧,这也是再次学习他人智慧的良机。”教师只有互相帮助,合作共赢,才能最快地成长。今天你帮我,明天我帮你,是最好的合作。

第十章

读书积累

教师进行劳动和创造的时间好比一条大河，要靠许多小的溪流来滋养它。教师要时常读书，平时积累的知识越多，上课就越轻松。

——苏霍姆林斯基

第一节　读书是人一生的财富

一个人的精神发展状态，往往与他的阅读水平密切相关；一个民族的整体素质高低，也很大程度上取决于每个个体的阅读水平高低。一个爱读书的老师，更有能力培养出爱读书的孩子，造就高素质的国家栋梁之材。

一、育人使命要求教师读书

教师是一个特殊的职业，需要不断学习积累，才能适应新时代对教师的要求。教育不断发展，教师要不断地学习才能满足学生的求知需要，做一名教师不仅要有高尚的师德，更要有高超的教学艺术，这些都源于读书积淀。

读书对于国家来说是好事。读书可以提升整个民族的素养。当今世界，科学技术不断发展，只有一个爱读书的民族，才能适应世界发展。

读书对教育者来说是好事。教育者爱读书，多才多艺，可以更好地驾驭工作。教师带着学生读书，还能培养学生的读书习惯，提高知识水平。

读书对一个家庭来说是好事。一个爱读书的家庭，一定家风好，好家风能感染家人特别是子女，爱读书的孩子往往成绩优异，思维敏锐，做事有主张。如果家长特别爱看书，每天都看书学习，即使没有多少时间管理辅导孩子，孩子也会效仿父母爱上读书，久而久之，不仅能储备知识，更能提高能力，学业成绩自然不会差。

二、读书是人一生最大的财富

1. 为教学储备能源，减轻自身工作负担，有助于教学

读书破万卷，教学也会如有神。我们不少教师很敬业，工作很辛苦，常常备课到深夜，但是时常觉得不满意，觉得教学效果不理想。原因之一是教师只关注文本和教学本身，没有超越教材与教参寻找到属于自己的精神文化。有时候教师会重复别人的故事，重复别人的教学方法，缺少自己的独立思考。教学不能克隆，学生不同，教师不同，效果也不同。教学实际上是一个人内在的文化素

养的外化,如腹中空空,就不能游刃有余。如果教师读书多,自然会关注更广的文化内涵,才能旁征博引,教学更出彩。

2. 读书可以造就积极的心态,使人心境平和,超越自我

教书育人楷模于漪老师饱读诗书,博学多才,她的课堂是用生命在歌唱,做她的学生是一种享受。无论对学生来说,还是对听课者来说,听于老师的课都会获得一种人文美的震撼。

3. 爱读书的老师能培养出爱读书的孩子

我校有一个教师特别爱读书,他带的班级学生也特别爱读书,学生 2 分钟就可以写一首很有韵味的诗,写作文更不成问题。他的学生写作文耗时短、效率高、文章精彩,这都是爱读书带来的效果。

三、读书是最好的学习

入职第一年是新教师教育教学的塑形期,犹如一棵大树在新苗期能否扎得好根,能否笔直而茁壮地成长一样重要。新教师要在教育这片广阔的天地中叩问生命,耕耘人生。教育行业具有特殊性,教师的职业要不断往外"掏"知识,如只出不入,总有一天会有被掏空的感觉。读书所获,也许是看不见摸不着的,但那种内在的影响却是无价的。当你走进书中的时候,心便会安静,心安静了,才会去思、去想。读多了,读久了,慢慢的,才能学会从书本中寻找智慧,让书本牵引着你走向更高的教育境界。

可见,读书对于国家、家庭和个人都大有裨益,教师担负国家民族赋予的育人使命,要做一个爱读书的教师,培养一批批爱读书的栋梁之材,在读书学习中享受教育,让人生、事业与生命共闪光。

第二节　新教师如何读书

我们先看看教育家陶行知老先生的读书十大秘诀:

①序:由浅入深、循序渐进;

②勤:业精于勤、荒于嬉;

③恒:持之以恒、锲而不舍;

④博:从精出发、博览群书;

⑤问:不耻下问;

⑥记:多动笔墨、多记笔记;

⑦习:温故而知新;

⑧专:专心致志、专一博广;

⑨思:多加思考、学会运用;

⑩创:触类旁通、敢创新路。

读书的方法很多,不同的人使用的策略不同,新教师可以看看名家读书的秘诀和方法,也可以跟身边爱读书的老师学习。

一、目标要细化

时间上可以每天读半小时至一小时。

有人做过一个实验,有三组人,分别步行到十公里之外的三个村子。第一组的人不知道村子名字,只是跟着向导走,刚走两三公里就有人叫苦,走到一半的时候就有几个人愤怒了,抱怨为什么还走不到,越走大家情绪越低落。

第二组的人知道村庄的名字和路程。大家凭着经验估计着走,走了一半的时候,大多数人想知道自己走了多少;走到四分之三的时候,大家情绪开始低落,疲惫不堪;当有人说快到的时候,大家才振作了起来,加快了步伐。

第三组的人不仅知道村子名字和路程,而且每公里有一块里程碑,每缩短一公里大家便有一种快乐感。他们在行进中用歌声和欢笑声消除疲劳,情绪一直很高涨。

读书亦是如此。我们每学期定好多久读一本,规划好每天读多少,每天阅读多长时间,就不会感觉读书是种负担。

不难理解,人们如果清晰了解自己行动的目标和进度,就会自觉地克服一切困难,努力达到目标。目标设计得越具体、越细化,就越容易实现。

二、通读不如精读

一本书通读一遍只是了解大概情况,时间久了就忘记了,要精读一本书,才能体会其中的价值,真正发挥它的效果。读书是个慢功夫,没有捷径可循。

有一个青年画师的画总是卖不出去,他看到大画家阿道夫·门采尔的画特别受欢迎,就去请教。他问门采尔:“我画一幅画用不到一天时间,但是卖掉它要等上整整一年时间。为什么?”门采尔沉思一会对他说:“你倒过来试试。”青年不理解。大画家说:“你花一年时间来画它,那么可以用一天来卖掉它。”青年画师说:“一年时间才画完,多慢啊!”大画家严肃地说:“创作是一件艰辛的事情,没有捷径可以走。试试吧,年轻人。”青年画家接受了大画家的忠告,回去以后,苦练基本功,周密构思,用了近一年工夫画了一幅画,果然不到一天就卖掉了。

“台上一分钟,台下十年功。”当我们付出和得到的不如预想的那么好的时候,我们不妨想一想大画家的话。教育也需要艰辛的劳动,没有捷径可循。当我们感到自己技不如人的时候,我们就要思考一下:是不是我们不如别人积累得多呢?

第三节　读书的两种境界

对我来说,读书有两种境界,一种是硬读,一种是软读。硬读:即对于那些不好读、难理解,但是必须要读的书,即便缺少兴趣也要逼迫自己读下去。这类一般是一些业务理论书、教育专著等。软读:则是去读那些好理解、容易引起读书兴趣的书。此类书有人生感悟,有趣事,有生活,对教师来说亦有提升。

理论书籍需要反复读,做笔记,细心品味。过一段时间后,再拿出来研读一遍又会有新的体会、新的理解、新的感受。比如《马芯兰小学数学能力的培养与实践》,我第一次读这本书还是在一线当老师的时候,我似懂非懂地照搬书中的策略;再次读这本书的时候已经是担任教学领导的时候,那时我又有了新的理解,带着老师们去读,给老师们讲解马芯兰老师的策略;第三次捧起这本书时我已经从事教师培训工作,站在一个新的角度再看这本书,我又有了更深的理解和体会。现在书中很多的策略我似乎还没有吃透,但是我可以理解到马芯兰老师的潜心思考,能感受到书中数学思维训练的系统性、层次性的妙处。

读书不会马上见到效果，读书需要静下心来思考。时代发展，世界变迁，需要知道的太多，需要做的太多，需要马上获得结果的太多，而读书的成效不能立竿见影，自然就不好坚持下去。

读书要思考与教学工作的结合点。书到用时方恨少，好像需要了才去找相关的书来读，这样才有效果，但是这个效果并不会长久。很多当时看似无用的书，读多了自然就变成智慧，滋养人的心灵，使人去除浮躁，沉下心来做教育。

人生就是一本书，你用怎样的心情读，是一种境界。人生掌握在自己手中，在繁杂的事务中，不可迷失方向。教师要有自己的研究领域，有自己的思考，有自己的收获，更要有与他人分享的快乐。再忙，也要好好读书。

第四节　新教师要读哪些书

新教师要读哪些书？在这里，我给大家几点建议。

一、读经典书

经典好书使人更优秀，要精心选择经典的书来读，中国经典外国经典都读一点。中国四书《大学》《论语》《中庸》《孟子》是最基础的文化经典，要用心品读，特别是《大学》和《论语》，教师要逐字逐句读，有时间还要背诵经典名句。

二、读教育名著

推荐读当代教育家苏霍姆林斯基的《给教师的建议》，这本书中写了一百条建议，每条从一个问题谈起，有生动的实际事例，同时针对事例配有精辟的理论分析，会给新教师很大启发。无论新入职还是工作多年的教师，每读一遍都会有不同的体会。还推荐读雷夫·艾斯奎斯所著的《第56号教室的奇迹》，我们可以体会一位心灵导师是如何教给学生一生受用的技巧，以及如何培养学生人格、信念和意志。

三、读与学科教学结合密切的书

新教师可以读各种本学科刊物，最好能够精选征订1－2种刊物，它能让新教师了解本学科发展的前沿动态,获取一线实践的经典经验。把它们放在桌边案头常常读一读,一定会受到启发。

第五节　智慧是个积累的过程

——读《第56号教室的奇迹》

最初知道《第56号教室的奇迹》这本书是在2011年5月齐鲁名师的一次讲座上,讲座结束后我在网上买了一本。买来之后,我看了一遍,深深被雷夫及他的教育故事吸引,为雷夫对教育的责任感深深感动,觉得这是一本特别好的书。

2012年为了组织新教师读书,我又读了第二遍。我对重要章节反复阅读,理解了雷夫的很多做法,真切感受到本书的魅力,感动于他的执着。

2013年3月我参加了学校的读书活动,一位经验丰富的优秀教师向本校青年教师推荐这本书。她将自己的理解体会娓娓道来,谈了自己对本书的热爱,谈了雷夫带给自己的思考。她的推荐再次点燃我读这本书的欲望。这次我读出了雷夫带给我的震撼。雷夫对教育全情投入,他用自己的力量推进教育公平,义无反顾克服多重困难让贫民孩子得到教育的机会;他通过音乐训练孩子的专注,用各种方式教会学生专注地思考问题,展示自我;他每年带着孩子们排练并演出莎士比亚话剧,带领学生阅读,让学生体会学习的快乐。这次阅读我真正走进了雷夫的思想,读懂了雷夫。

智慧是一个积累的过程,一遍遍读书,我不断加深理解,智慧不断增加,我真正看到雷夫作为教师的伟大和对孩子的大爱。

这本书最吸引我的是雷夫带领孩子阅读的方法。我们采用各种手段鼓励孩子读书,有的奖励、有的表扬……雷夫则不同,没有奖励和表扬,他就是和孩子一起读,指导孩子读书,让孩子爱上读书。我深深体会到阅读不是任务,是一种习惯和爱好。他的几种做法很值得我们借鉴。

第一,让孩子热爱阅读。雷夫认为激发他们对阅读的热爱,应该是我们的首要任务。他认为目前不少学校阅读目标偏位,学校的阅读目标很少看见“乐

趣”“热情”“引人入胜”等字眼，而这些才最应该列入读书的目标。

雷夫以自己的阅读带动学生的阅读。他自己每天都阅读，他不是单纯为了学业的进步阅读，而是“我阅读，因为我喜欢这么做”。雷夫从不用阅读测验来评价阅读的进步，而是把测验的时间也用来阅读。

他用三个有趣的问题测验孩子是否喜爱读书。

①你是否因为老师教的内容很无聊，又很想看完手上正看到一半的书，而在上课时偷看藏在桌子底下的书？

②你是否因为边看书边吃饭而挨骂？

③你是否曾在睡觉时间偷偷躲在被子里看书？

这三个问题看似简单，却是孩子迷恋读书的重要表现，不得不说雷夫是善于观察。

第二，指导孩子读书。首先他为孩子选择好书，然后和孩子一起读书，有时也用有声书。但是，他不是放出声音就不管了，而是不时暂停确认孩子是否理解某个重点。其次，他会利用好图书馆，将孩子置于热爱阅读的人中间。他不是把学生放在图书馆不管，而是帮助孩子挑选合适的书本并随时关注孩子们的阅读进度。

第三，营造一个读书港湾。每周六他在56号教室带领孩子们读书，大家分享读书的幸福，一起感受读书的快乐。56号教室就成了孩子们周末读书的好地方。

正是通过这种执着和用心的指导，他培养了一批热爱读书的孩子，而读书也让这些孩子拥有了美好的人生。

要让孩子爱上读书，教师也一定是一个爱读书的人。不是为了任务的读书才会激发兴趣，才是一种享受。

读《第56号教室的奇迹》需要耐心，仔细品一品你就知道全书写的都是作者的耐心。作者耐心带着孩子阅读，耐心和孩子们排练话剧。耐心是教育的起点，也是教师做好教育的基本功。读这本书还需要智慧，因为，本书的故事看似很平淡，如果没有教育的智慧，你很难体会平淡背后的教育契机。读这本书更需要教师的教育境界，没有境界，你很难理解雷夫为什么这样做，他为什么把自己的一切，几乎全都奉献给了孩子。

读到书的最后，我突然发现，读这本书，其实是对读者的一个测试。如果我们缺乏耐心、智慧和境界，就很难顺利读完这本书。作为从事着太阳底下最光辉职业的教师，我们要有阅读这本书的耐心，并寻找自己教育职业中的幸福。

第六节 品名家教育智慧

——读苏霍姆林斯基《给教师的建议》

这是一本值得教师一辈子反复阅读的书。刚入职的教师读《给教师的建议》是对一些经验的尝试模仿。随着自身教学实践的深入，再读此书就会感觉书中每句话都说到自己心里。教师要真正用心读懂这本书，边实践便阅读。

我真正读懂这本书也是在工作多年之后。起初很多领导和同事推荐这本书，但我最开始读的时候没有认真读。再后来遇到问题的时候我把书找出来看看，针对问题找找有没有能帮助自己的建议。由于每个建议比较短，策略方法也不很具体，我领会得也不深刻。成为学校管理者后，到我再次拿出这本书细细读，这时我有了多年的实践体会，一下子豁然开朗，似乎打通了教育的“任督二脉”，解决了不少困扰自己的教育问题。

这本书基本囊括了中小学教育中的各类问题，并给出了很好的建议。既有短期思考、又有长远建议；既有生动的实际事例，又有深入的理论分析，能给教师很好的启迪。

比如，本书第 1 条建议用体力劳动来比喻儿童能力水平不同，就像不能让身体虚弱的孩子和强壮的孩子提同样多的水一样，教师要因材施教，根据能力把学生分成不同的小组布置学习任务，有的以打基础为主，有的以提升能力为主。虽然这会让学生掌握知识快慢不同，但是学生都能发挥自己的可能性，学生自身水平都会有所提高。

再如，本书第 46 条是关于教师写日记的建议，提出教师连续写 10 年、20 年甚至 30 年的教师日记，将会是一笔巨大的财富。写日记有助于对某个问题进行深入思考，多思考就会发现有价值的研究问题。

读这本书的时候一定要带着自己教学中的问题去读，只有带着问题去读，

才能有更好的收获。还要和你的教学实践结合起来读，这样才能教学相长，把书中的经验运用到实践中，才能体会得更深刻。

这本书需要我们好好品味，应多读几遍。第一遍，可以通读全书，画一画重点章节，圈一下核心句子。第二遍再读，可以做做笔记，把你最需要的内容记下来，变成你的经验，并随时翻阅。第三遍读可以写写读书体会，写作是一种再阅读，实质上是对一本书的真正内化、吸收和提升。

《给教师的建议》值得我们做教师的好好品读。从学习到使用，再到领会，最后到提炼其内涵，我们可以把这本书变成自己教育之路的良师益友。这也是一个不断反思的过程，只有这样才是真正的读懂、读通，才能把所学的外部经验变成推进自己成长的内驱力。

第七节　做有家国情怀的教师

——读《大学》

《大学》是一篇论述儒家修身、齐家、治国、平天下思想的散文，是中国古代讨论教育理论的重要著作。它本是《礼记》中的一篇，只有 2000 多字。但是经过演变之后和《中庸》《论语》《孟子》并称“四书”。

一个优秀的教师要修己育人。《大学》教给大家做人、做事、治国的道理，要求从国君到百姓都要心存国家。教师读好《大学》，就可以站在国家的高度思考问题，从日常小事做起，培养德智体美劳全面发展的社会主义建设者和接班人。教师要做一个有思想的教育者，要用自己的人格影响学生的人格，不仅要教给学生知识，更要教学生做人的道理。

《大学》一开始就明确提出“大学之道，在明明德，在亲民，在止于至善”。告诉我们做人要有光明正大的品德，可见德为首位，和我们教师以德为先，学校教育要立德树人的目标高度一致。

《大学》用较大篇幅论述“八条目”之间的辩证关系，即格物、致知、诚意、正心、修身、齐家、治国、平天下。《大学》强调修己，经营好家庭，才能治理好国家，才会带来天下太平。八条目的层层关系，就是一个以小见大的人生哲学，只有改变自己的态度,才能改变人生的高度,人心就是最大的力量。

《大学》全文简约深刻,字字珠玑,读起来看似容易,但是真正领会其内涵并非易事,能够用心做好更是一件不容易的事。读《大学》首先要看全文,自己悟;再听听名家解读,对比思考感悟;最后结合自身实际工作生活,体会以德润身、以仁为利,从修身开始,继而齐家、治国、平天下。

第八节 像孔子一样做老师

——读《论语》

《论语》是孔子言论的汇编,较为集中地体现了孔子及儒家学派的政治主张、伦理思想、道德观念及教育原则等。

一、《论语》是齐家、治国、平天下的宝典

它是正统儒家思想的经典,因此人常说"半部论语治天下"。《论语》也是教师必读的经典著作。孔子创立私学,实践了"有教无类",给了平民百姓子弟学习的机会,对所有的学生一视同仁。孔子最大的教育原则是"启发式"教学和"因材施教",他提倡"寓教于乐"。这些都是我们当今教育人需要认真思考学习的。当你真正读懂论语,就能体会孔子胸怀天下、心揣百姓、诲人不倦的博大胸怀。

二、教师要用心读《论语》,体会孔子的谆谆教导

书中每一经典语句都足以让教师品味许久。"学而时习之,不亦说乎?有朋自远方来,不亦乐乎?人不知而不愠,不亦君子乎?"就是大家耳熟能详、脍炙人口的经典佳句。它告诉我们学习需要不断地练习,与人交往要做有德的君子。孔子认为,教师要"默而识之,学而不厌,诲人不倦"。学习要"发愤忘食,乐以忘忧,不知老之将至云尔",这不就是对优秀教师致力于终身学习,教书育人的最有力的诠释吗?

由此可见,论语的教育思想对教师具有非常好的启迪作用。教师要"取其

精华”，可以选择其中最经典的句子作为自己教育生涯的座右铭。

三、带领学生学习《论语》的经典名句

教师应精心选择《论语》中的经典句子，有意识地带着学生诵读、背诵和思考应用。小学教材中已经有了《论语》的句子；初中语文选取的《论语十则》中的“温故而知新，可以为师矣”“学而不思则罔，思而不学则殆”“三人行，必有我师焉；择其善者而从之，其不善者而改之”，都是经典中的经典。教师需要带领学生好好品读，会有很好的启发作用。

四、在实践中感悟论语的浸润作用

有一所学校，校长带头读论语，激励全校师生读论语，还为家长开设周末经典讲坛，为学生开设传统文化校本课程，经常举行师生背诵论语的活动。我有幸参加一次活动，活动中任意抽取某一篇章，参赛学生都能熟练背诵。经过几年的努力，该校用儒家思想浸润师生，家校关系更加融洽，学生在家孝亲、在外彬彬有礼，家长尊师重道，和学校共谋学生的教育。一所学校固然如此，何况一个民族和国家呢？以小见大，人人学好儒家经典《论语》，用好儒家经典，实现家国天下共治。

五、合作研讨让更多的教师乐读《论语》

为了引导广大教师读好论语，我曾经选择 4 人组成读《论语》先锋队，大家先自己独立读，再小组合作研讨，经历多次碰撞交流，越读越感觉自己浅薄，越读越敬佩孔子的为师之道。经过一个多月的潜心研究与思考，读论语的先锋教师从不同的角度解读论语，并录制成导读视频；之后把录制的导读视频作为培训课程，带领区域教师全体学习，引领更多的教师读论语和用论语，把《论语》作为区域教师的必读书目之一，年年读，人人分享；让每个致力一辈子做教师的，能时时把至圣先师孔子的经典语录作为自己的座右铭。

第九节 分享读书的快乐

读书需要分享,分享可以产生智慧。每个人读书的理解角度不同,思考感悟不同,进行读书分享,可以把自己的阅读体会与思考讲给别人听,还可以从他人身上汲取更多的智慧。

国家一直提倡培养学生的阅读能力,教师更要带头多读书,成为一个爱读书的表率。但是我们往往带着任务阅读,也没有积极分享读书的快乐。没有分享就不能更好地体会一本书的精华,因此教师们要共读一本书,并和同行分享读书的快乐。

记得我刚上班的时候,学校每学期给每个教师发一个小本子,用来记录教师读书的感悟与思考。这个小本子开启了我教师生涯的读书之旅。起初我是为了完成学校的读书任务,主动找书读,一有时间就赶紧读,以防止随时的检查。慢慢地,我开始有意识读一些教育类的书,并把读书的体会随时记下来。为了方便保存,每个本子我都写上起止时间,标注编号,不知不觉几年下来,攒了一沓。随着时间的推移,读书从起初的任务渐渐成为一种习惯。学校为了督促年轻教师读书,每学期都会设计几次读书分享活动。听了老师们的一些读书感悟,我对读过的书又有了新的体会,没读过的书我也常常产生迫切想读的欲望,无形中增进了读书的乐趣。细细想来学校坚持推进的读书活动真的意义深远,可惜当时没有拍照记录下读书的足迹,但是读书的习惯和读书的兴趣却成为我教育生涯的一笔难得的财富。

一、结交书友

以书为友,与友共读。教师要以书为友,并结交爱读书的好朋友,养成读书的好习惯,不断丰盈自己的知识积累。积极结交爱读书的同行朋友,互相推荐好书,还可以和好友共同制订读书计划。教师可以把要读的书作为床头书,先自己用心阅读,记录下自己最感兴趣、体会最深刻的篇章,然后与朋友交流探讨,产生思想碰撞。

二、写写感悟

写读书感悟是一个总结提炼的过程。当教师根据自己的阅读心得来撰写读书感悟的时候，就是对整本书的一次重新理解。写感悟的时候，我常常感觉无从下手，有时甚至会感觉自己好多地方还没读懂，还没读透，我会回头再次翻看原书，再次去理解与思考。写感悟的过程就是一次心灵的拷问，问自己读得是否深刻，问自己对书中描写是否真正领悟，问作者的心灵独白自己是否可以体会出来。在对自己不断的追问中，对书的理解也会更加深刻。

三、积极分享

同一本书，不同的人会有不同的思考。交流分享读书感悟往往会收到意想不到的效果。因此书友们不仅要读书、写感悟，更重要的是要一起分享读书的理解与思考。抽个时间，大家凑在一起聊一聊读书的感悟和体会，把自己的理解和想法告诉别人，从他人身上汲取智慧。

做教师挺好的，有学生可以塑造，有空间可以施展，有广阔的天地可以遨游。教育教学中有苦也有甜，随着时间推移，若你真正爱上这个职业，于己于家于国都是莫大的幸事。愿你为自己喜欢的事情不断奋斗，愿你成为幸福的教育者。

附：教师能力提升课程计划设计

教师面对社会日新月异的变化，要迎接变化，跟上时代，适应社会的需要，就需要不断提升自己，养成终身学习的良好习惯。专业学习是必不可少的，专业能力的不断提升，能够帮助我们做好每日的工作，同时也会帮助我们成就自己的职业追求。在这里，我给大家专门设计了一个教师能力提升的四级梯次发展课程架构，期望能在不同的时间段给大家指导和启发。大家可以根据自己的实际需要进一步修改，成为自己的学习规划。

一、课程设计分成横、纵两条线

(一)纵向划分为四级课程

每级培训课程聚焦一个主题,目标指向教师关键能力的提升,体现梯次发展。

一级课程聚焦职业追梦。主要针对工作3年内的新手教师。本级课程和新入职教师培训有机结合,可以催生新教师的职业梦想,引导新教师熟知国家教育法律法规,掌握课堂教学基本技能,养成积极的职业心态,树立执着的教育情怀。

二级课程聚焦方向引领。主要针对工作3-10年,有一定教学经验的教师。本级课程着力引导有教学经验的教师明确自己的研究方向,主动探究教学策略,形成一定的创新思维和学科拓展能力,向初步的教学特色迈进。

三级课程聚焦教学反思。主要针对工作10-25年,已有独特见解的教师,引导他们做学科骨干。本级课程着力培养有独特见解的教师,使教师形成高尚的师德情操,精深的专业素养。他们有丰富的教学经验,会把自己的教学智慧应用到教育教学实践中;能恰当应用各种教学方法,形成灵活多变的教学风格;并能有效示范引领,积极探索独具特色的教学成果。

四级课程聚焦教学风格。主要针对工作25年以上,形成一定教育思想的教师,培养他们成为学科导师。本级课程着力培养导师型教师,使教师不仅具有渊博的教育教学知识,有积极研究探索的欲望和能力,有良好的科研意识和能力,还能够提炼自己的教学艺术,具有很强的教学反思能力,而且乐于做学科导师引导他人成长。

(二)横向划分的是课程学习内容

四级课程每一级分为素养课程和专业课程两大类。素养课程分为师德修养、教育理论、信息技术和成长规划,是教师要学习的必备知识;专业课程主要分为课程实施、教学研究、教育科研和专业发展,是针对学科教学的研究思考和对教师业务素养的锻炼。

二、教师能力提升的四级梯次发展课程架构表

下表是已通过实践检验的课程计划表,提供给各位教师参考使用。

教师能力提升课程计划表

<table>
<tr><td>级别
主题</td><td colspan="3">学习目标和课程设计</td></tr>
<tr><td rowspan="3">一级课程——职业追梦(3年内新教师)</td><td>学习目标</td><td colspan="2">一级课程着力催生新教师的职业梦想,目的是引导新教师熟知国家教育法律法规,掌握课堂教学基本技能,养成积极的职业心态,树立执着的教育情怀。</td></tr>
<tr><td rowspan="2">学习内容</td><td>素养课程</td><td>专业课程</td></tr>
<tr><td>1. 师德修养(规范与梦想):(1)教师职业道德规范:《中华人民共和国教师法》《中华人民共和国义务教育法》《新时代中小学教师职业行为十项准则》《新时代幼儿园教师职业行为十项准则》;(2)教师基本礼仪与形象教育;(3)教育榜样、名家典范事迹。
2. 教育理论(管理沟通):(1)入职心理调适与岗位适应;(2)班级管理的策略方法;(3)家校共育理念;(4)家长会的有效设计与组织策略。
3. 信息技术(基础技术):(1)当前教育信息化政策文件;(2)信息技术辅助教学的基本技能与应用研究;(3)常用信息技术应用软件的使用技巧;(4)个人空间建设策略方法。
4. 成长规划(成长计划):(1)职业幸福理解学习;(2)教师个人发展规划的制定、年度计划的制定;(3)实地制定一份年度成长计划。</td><td>1. 课程实施(课程解读):(1)三级课程体系与国家课程;(2)国家课程标准的作用和意义;(3)学科课程标准学习。
2. 教学研究(教学规范):(1)学科教学基本规范;(2)基于课程标准的教学研究;(3)基于标准的教案设计与实施;(4)学习目标的设计与实施原则;(5)优秀教学课例赏析。
3. 教育科研(科研基础):(1)教育教学案例、教育叙事的作用和撰写;(2)如何进行小课题研究;(3)教育科研基本程序和研究方法;(4)课题申报材料撰写的基本规范。
4. 专业发展(专业标准):(1)中、小、幼教师专业标准(试行)解读;(2)学科基本功训练主要内容和方法;(3)阅读技巧和读书的幸福;(4)每年自选精读2本书,撰写读书感悟。</td></tr>
</table>

（续表）

<table>
<tr><td>级别
主题</td><td colspan="3">学习目标和课程设计</td></tr>
<tr><td rowspan="3">二级课程——方向引领(有一定教学经验,工作3至10年的教师)</td><td>学习目标</td><td colspan="2">二级课程引导有一定教学经验的教师明确自己的研究方向,主动探究教学策略,形成一定的创新思维和学科拓展能力,向初步的教学特色迈进。</td></tr>
<tr><td rowspan="2">学习内容</td><td>素养课程</td><td>专业课程</td></tr>
<tr><td>1. 师德修养(国家与使命):(1)国家大政方针,新形势下教育的任务;(2)新时代教师的教育使命;(3)教师的权利义务与学生的法律保护,突发事件、常见问题处理策略。
2. 教育理论(大教育观):(1)教育名家的教育观;(2)有效教学研究策略和方法;(3)教师健康心理与自我价值感的提升;(4)特殊学生教育管理策略。
3. 信息技术(技术与发展):(1)教育信息化最新规划研究;(2)互动多媒体教学探索与应用;(3)录屏软件、微课等的应用学习研究;(4)先进技术应用经验分享。
4. 成长规划(自我规划):(1)品读优秀教师成长史;(2)成长规划的有效作用以及如何做好个人成长规划;(2)教师成长的关键期;(3)撰写我的成长三年规划。</td><td>1. 课程实施(课程应用):(1)国家课程校本化研究与思考;(2)学科核心素养的定义与愿景;(3)国家课程的目标定位和价值旨归。
2. 教学研究(课堂观察):(1)优课观察与评析策略;(2)有效的教学评价;(3)常见课型的教学研究与推广;(4)优质课例探索与实践;(5)课堂教学评价指标与实践。
3. 教育科研(科研理解):(1)将教学经验转化为教育科研成果的策略;(2)学科教学课题研究案例与分析;(3)经典课例研究的步骤与方法;(4)普通教师的科研课题实践。
4. 专业发展(发展策略):(1)教师的专业素养与成长路径;(2)教师专业发展的行动策略;(3)如何制定个人专业提升方案;(4)整本书的阅读研究;(5)每年自选精读 2 本书,撰写读书感悟。</td></tr>
</table>

（续表）

<table>
<tr><td>级别
主题</td><td colspan="3">学习目标和课程设计</td></tr>
<tr><td rowspan="3">三级课程——教学反思（有一定独特见解，工作10至25年的教师）</td><td>学习目标</td><td colspan="2">三级课程着力培养有独特见解的教师，助其形成高尚的师德情操和精深的专业素养，积累丰富的教学经验，能有效地示范引领，积极探索独具风格的教学成果。</td></tr>
<tr><td rowspan="2">学习内容</td><td>素养课程</td><td>专业课程</td></tr>
<tr><td>1. 师德修养（爱生教育）：(1)关爱学生、无私奉献的优秀师德案例学习；(2)师爱的本质与价值，潜心育人的师德智慧。(3)师爱的误区和学生最喜欢的十种教师。
2. 教育理论（教育思潮）：(1)现代教学理论与学生为本；(2)国内外教育家教育思想解读；(3)当代教育思潮；(4)教师工作危机情绪的面对与调节；(5)课堂学习评价的理念与方法，高效目标管理与时间管理的方法。
3. 信息技术（课堂融合）：(1)从数字化教育走向智慧教育；(2)信息技术与课程整合的思考与实践；(3)信息技术与教学整合优秀课例学习与评析；(4)移动学习的工具、应用、设计。
4. 成长规划（案例反思）：(1)我的教育教学案例分享；(2)有序撰写教学反思，形成我的教学反思集；(3)概括提炼我的教育教学经验。</td><td>1. 课程实施（课程素养）：(1)国家课程标准在课堂教学中落地的案例分析；(2)如何提升教师的课程素养；(3)立德树人的课程目标实现；(4)学校课程体系的认识与建设；(5)当前学校课程创新的问题与对策。
2. 教学研究（有效教学）：(1)学科知识体系构建的策略方法；(2)落实教研活动有效性的研究与实践；(3)“以学定教”的规律与内涵；(4)教学关系变革中的高质量学习；(5)有效校本教研的途径和方式。
3. 教育科研（科研价值）：(1)教育科研的价值作用；(2)中小学教师课题研究的思路与切入点；(3)教育科学研究报告的撰写方法；(4)优秀科研报告赏析。
4. 专业发展（专业定位）：(1)教师专业发展的关键要素和核心理念；(2)教师专业素养的内涵和发展定位；(3)专业成长中的自我诊断与剖析；(4)教师专业中的自我认定；(5)每年自选精读2本书，撰写读书感悟。</td></tr>
</table>

（续表）

<table>
<tr><th>级别
主题</th><th colspan="3">学习目标和课程设计</th></tr>
<tr><td rowspan="3">四级课程——教学风格（形成教育思想，工作25年以上的教师）</td><td>学习目标</td><td colspan="2">四级课程着力引导教师把自己的教学智慧应用到教育教学实践中，要求教师能恰当应用各种教学方式方法，形成独特的教学风格。</td></tr>
<tr><td rowspan="2">学习内容</td><td>素养课程</td><td>专业课程</td></tr>
<tr><td>1. 师德修养（大国良师）：（1）如何以人格育人格——学习全国师德标兵、教育典范的榜样力量；（2）卓越教师的发展路径，终身学习与自我超越；（3）誓做教育表率，修炼成大国良师。
2. 教育理论（理论创新）：（1）生本教育研究理念的再塑；（2）教学中的创新思维；（3）多维视角下的教育理论新进展；（4）学科思维导图的应用研究；（5）以学习者为中心的课堂教学。
3. 信息技术（云技术）：（1）移动与网络环境中探究教学的理论与实践；（2）慕课在师生成长中的应用研究；（3）移动终端的教学应用；（4）云课堂与网络教学实践；（5）云素材的搜集与整理能力；（6）STEM 课程和智能教室。
4. 成长规划（成长借鉴）：（1）职业的自悟力培养；（2）如何建立自己的优秀教师工作室；（3）我的教育教学思想和教学风格；（4）卓越教师成长研究；（5）我的教学成果提炼。</td><td>1. 课程实施（课程整合）：（1）课程整合的内涵与实践；（2）面向个性发展的学校课程建设的理念与条件；（3）以课程整合推动变革；（4）课程整合的思路与实施策略；（5）从课程到学程的衔接设计。
2. 教学研究（学科团队）：（1）学科团队建设的意义、作用、策略与实践；（2）中外教学改革经验探索；（3）团队合作中的教研转型与课堂重建；（4）如何加强学科组建设，学科组建设的主要问题和改进策略；（5）人人做学科中的首席。
3. 教育科研（科研成果）：（1）国内外教育科研经典案例评析；（2）教育教学前瞻性研究；（3）教育教学经验推广；（4）学科课题研究及推广；（5）优秀教育成果的研究与培育。
4. 学科专业（工作室建设）：（1）优秀教师工作室建立的途径和策略，工作室在教师专业发展中的有效作用；（2）提炼自己的学科教学特色；（3）专业发展的顶层设计与专业自觉；（4）个人学科教学主张之项目化学习的策划与实施；（5）每年自选精读 2 本书，撰写读书感悟。</td></tr>
</table>

此课程设计表格,体现了一个教师从事教育工作一直的学习路径。但这仅仅是一个启发和引导,随着时代的发展,是不可能一成不变的。不同的教师有不同的需求,期望有见识的教师以此为范例,结合自身实际,制定出更适合自己的课程学习计划,并在推进的过程中,根据自己的实际情况不断地调整,一步一个脚印扎实走好每一步。

参考文献

[1]苏霍姆林斯基. 给教师的建议［M］. 北京:教育科学出版社,1984.

[2]弗兰岑. 新教师的 101 个意外［M］. 重庆:西南师范大学出版社,2016.

[3]伊恩·朱克斯,瑞恩·L·沙夫. 未来教育简史［M］. 北京:教育科学出版社,2020.

[4]王红艳. 新手教师在学校实践共同体中的学习［M］. 重庆:重庆出版社,2012.

[5]纪卫东. “新教师”塑造:让专业成长触手可及［J］. 山东教育,2021(1-2).

[6]钱玉苹,石维光,郑小盼. 新时期教师的师德修养与专业能力提升［M］. 北京:研究出版社,2013.

[7]陶行知. 陶行知教育文集［M］. 成都:四川教育出版社,2008.

[8]雷夫·艾斯奎斯. 第 56 号教室的奇迹［M］. 北京:中国城市出版社,2013.

[9]李政涛. 教育与永恒［M］. 上海:华东师范大学出版社,2019.